A Faint Cold Fear Thrills Through My Veins
William Shakespeare

Zu diesem Buch

Wie eine Unmündige hat er mich behandelt an unserem Hochzeitstag. Schlimmer, wie eine Sache, ein Ding, das ihm gehört. Eine andere hätte sich gewehrt, ich nicht, warum nicht? Weil ich dachte, daß er mich nicht beleidigen wollte und weil nachher wieder alles gut war zwischen uns? Er hat es auch nicht böse gemeint, selten meint er, was er im Zorn sagt. Das darf man ihm nicht übelnehmen, sonst wäre nur Krach im Haus. Darauf hab ich es nie ankommen lassen.

Eva Bertram ist eine gute Hausfrau und Mutter. Sauber, sparsam und fleißig. Aber nie genug für ihren Mann und später auch für die Kinder. Willi Bertram, ein Muster an Fleiß, Ordnungsliebe und Sparsamkeit, ist der Ansicht, daß seine Frau «noch nicht einmal den Haushalt führen» konnte. «Sie ist eben unfähig, etwas dumm, aber gutmütig.» Aus dem verzweifelten Wunsch nach Anerkennung heraus begeht sie schließlich Ladendiebstähle – bis sie ertappt wird. Sie ist kleptoman, sagt der Psychiater. Sie ist kaltherzig und ichbezogen, sagt der Richter. Und der Ehemann weiß nicht, wie er mit dieser Schande leben soll. Auf alle Vorwürfe und Fragen schweigt Eva Bertram.
Erst im Gefängnis wird ihr klar, was sie zu tun hat.

Barbara Neuhaus ist eine bekannte DDR-Schriftstellerin.

Barbara Neuhaus

Ich bitte nicht um Verzeihung

rororo

Rowohlt

rororo thriller
Herausgegeben von Bernd Jost

Veröffentlicht im Rowohlt Taschenbuch Verlag GmbH,
Reinbek bei Hamburg, März 1986
Umschlagentwurf Manfred Waller
Umschlagbild Ulrich Mack
Der Roman erschien unter dem Titel
«Ich bitte nicht um Verzeihung» im Verlag Das Neue Berlin

Satz Bembo (Linotron 202)
Gesamtherstellung Clausen & Bosse, Leck
Printed in Germany
580-ISBN 3 499 42747 8

Die Hauptpersonen

Eva Bertram	wird aus Schaden klug.
Willi Bertram	ist ein mustergültiger Ehemann.
Michael, Evelyn und Peter	haben genaue Vorstellungen über das, was ihnen zusteht.
Leutnant Szymanski	bekommt mehr zu sehen als ihm lieb ist.
Richter Kunzmüller	nimmt seinen Abschied.
Die Blonde und die Schwarze	teilen ihr Schicksal mit Eva.

Da dies ein Roman ist, sind sämtliche Figuren und Begebenheiten frei erfunden. Jegliche Ähnlichkeit mit realen Personen oder Vorkommnissen könnte nur auf einem Zufall beruhen.

Es geschah sehr schnell. Der Verkehr stockte, Passanten liefen zusammen. Doch keiner der zufälligen Zeugen, die es allesamt eilig hatten, denn es war die Zeit der Weihnachtseinkäufe, vermochte später zu erklären, wie es passieren konnte. Vom grellen Kreischen der Bremsen aufgeschreckt, hatten die Leute nur gesehen, daß ein Mensch durch die Luft flog und gegen die Bordsteinkante geschleudert wurde.

Dort blieb er liegen, bewegungslos. Es war eine Frau. Ihr Gesicht schien in einer Maske des Entsetzens erstarrt. Der Mantel, ein solider Mantel aus dunkelrotem Wollstoff, hatte sich bis über die Schenkel hochgeschoben. Sie hatte hübsche Beine. Das rechte Knie war aufgeschlagen und begann zu bluten.

Der Lastkraftwagen, gewaltsam gestoppt, zitterte noch. Unendlich langsam kletterte sein Fahrer aus der Kabine und hielt sich am Türrahmen fest. Er sah grau aus wie der matschige Schnee auf der Straße. Und er sagte einen einzigen Satz, den aber immer wieder: „Sie ist mir in den LKW gelaufen, direkt reingerannt ist sie mir."

Die Erstarrung der Menge löste sich. Jemand eilte in die Konditorei, um zu telefonieren. Aus dem Trikotageladen kamen Verkäuferinnen mit einer Decke. Ein stämmiger Bursche wollte ihnen helfen, die Verunglückte darauf zu betten. Andere Zuschauer hinderten ihn daran: „Nicht anfassen, nicht anfassen ..." Urplötzlich waren zwei Volkspolizisten da. Mit ihnen drängte sich ein junges Mädchen in den Kreis. Die Leute mußten es für eine Verwandte, vielleicht für die Tochter der Verunglückten halten, denn sie wichen zurück. Doch das Mädchen zeigte weder Aufregung noch Mitgefühl. Kühl, mit forschenden Augen musterte es die Verletzte. Deren Gesicht trug noch immer die Schreckensmaske. Aus dem Haar, das jetzt fest am Kopf klebte, rann eine rote Spur über Wange und Hals und färbte den weißen Fellkragen des Mantels. Der linke Arm war ausgestreckt. Ein Stück davon entfernt lag eine Handtasche.

Während einer der Polizisten mit dem LKW-Fahrer sprach, hob der andere die Tasche auf. Er öffnete das Schnappschloß, nahm einen Ausweis heraus und blätterte darin. Dann trat er zu dem Mädchen. „Sind Sie immer noch sicher?"

„Hundertprozentig." Das Mädchen nickte heftig. „Das ist sie."

Der Polizist betrachtete die Verletzte und verglich sie mit dem Bild im Ausweis. „Sie heißt Eva Bertram", sagte er.

In der Ferne heulte die Sirene des Rettungswagens.

Angst

Endlich sind sie fort, der Doktor und die Schwester. Sie haben mich in ein Einzelzimmer gesteckt, ich bin allein. Es riecht nach Medizin und nach Kohlsuppe. Die haben hier Eintopf zu Mittag gehabt. So ein Geruch hält sich lange.

Ich hab' alles gehört, was sie sagten. Aber es klang, als ob sie hinter einer Wand redeten oder als ob ich Watte in den Ohren hätte. Von einer Gehirnerschütterung hat der Doktor gesprochen und von angebrochenen Rippen, die lateinischen Ausdrücke hab' ich nicht verstanden. Komisch, mir tut gar nichts weh. Nur der Kopf ist fürchterlich dumpf.

Wenn ich so überlege ... Ich hätte tot sein können. Das riesengroße Lastauto, hoch wie ein Haus, plötzlich war es vor mir. Warum hab' ich es bloß nicht gesehen? Das verstehe ich nicht. Es muß der Schreck gewesen sein. Ganz durcheinander war ich, weil sie mich erkannt hat, die junge Blonde. Das war die aus dem Kaufhaus. Mein Gott, wie sie mich anstarrte. Und

die beiden Polizisten. Da hab' ich den Verstand verloren.
Der Doktor meint, ich hätte verdammtes Schwein gehabt. Was weiß der schon. Ein Polterkopf ist er. Raunzt die Schwester an, weil sie fragt: Und wenn Frau Bertram doch einen Schock hat? Was ist das überhaupt, ein Schock? Ist man da ohnmächtig? Ich würde gern bewußtlos sein, weil dann keiner mit mir sprechen kann ... Mit der Schwester möchte ich schon reden. Das ist eine Freundliche, kennt mich gar nicht, und so was von besorgt. Carola heißt sie, ein schöner Name. Immerzu wollte ich sie ansehen. Aber ich durfte doch die Augen nicht aufmachen. Wenn sie merken, daß ich zu mir gekommen bin, werden sie gleich wissen wollen, wie es zu dem Unfall kam, wo ich vorher war und warum ich wie eine Irre auf die andere Straßenseite gestürzt bin. Davor hab' ich Angst... Der Doktor hat zur Schwester gesagt: Lassen Sie sich doch nichts vormachen, Kindchen, die Patientin simuliert, sie will ganz einfach nicht aufwachen. Schlau ist er, der Doktor.
Immer werde ich nicht stumm sein können, aber erst muß ich nachdenken. Wenn nur mein Kopf nicht so schwer und so leer wäre ... Wie spät es wohl sein mag? Ein bißchen blinzeln darf ich schon, es ist ja keiner da. Himmel, schon finster draußen, und es war doch vormittags ... Der Kleine ist längst aus der Schule zurück. Er steht vor verschlossener Tür. Einen Schlüssel hat er nicht, brauchte er doch nie, ich war ja immer zu Hause. Wo soll er jetzt hin? Hungrig wird er sein, und dazu das naßkalte Wetter. Michael ist so zart. Die Großen waren in dem Alter viel robuster. Besonders Evelyn, die ist nie richtig krank gewesen, Gott sei Dank. Und immer hat sie gewußt, was sie wollte. Evelyn braucht mich nicht, nein. Peter werde ich fehlen. Der große Bengel ... Aber er kommt schon zurecht. Nur der Kleine, wer wird sich um ihn kümmern? Wenn er sich erkältet und wieder seinen schlimmen Husten kriegt ... Ob ich lange hier drin liegen muß?
Ich habe Durst. Auf dem Nachttisch steht eine Schnabeltasse, so eine, aus der man im Liegen trinken kann. Erreichen kann ich sie nicht, es wird auch so gehen. – Eine kleine Lampe brennt. Wie schmal das Zimmer ist und wie hoch das Fenster.

Es wird das Städtische Krankenhaus sein, wohin sie mich gebracht haben. Als Peter am Blinddarm operiert war und ich ihn besuchte, da waren auch solche Fenster. Ich weiß noch, das Krankenhaus liegt in einem Park. Deswegen ist es so still hier. Als ob die ganze Welt schliefe.
Über dem Waschbecken hängt ein Spiegel, sehr weit weg ist er. Wissen möchte ich, wie ich aussehe. Um den Kopf haben sie mir einen Verband gemacht, er fühlt sich dick an und geht bis über die Stirn. Ich taste über Wangen und Kinn. Im Gesicht ist nichts, keine Schramme, kein Pflaster. Gut, daß es unverletzt geblieben ist. Willi würde sich vor mir ekeln. Narben sind ihm widerlich. Er wollte immer, daß ich eine feine Haut habe. Teure Creme hat er mir gekauft, dafür war ihm kein Geld zu schade.
Willi ... Ob er schon gehört hat, daß ich eingeliefert worden bin? Wie machen die das eigentlich nach so einem Unfall? Geht da einer zu den Angehörigen? Und wenn in der Wohnung niemand ist? Sie werden im Haus rumfragen, natürlich. Marie-Luise wird ihnen erzählen, wo Willi angestellt ist. Und dann kommt er her. Nicht gleich, nein, so einer, der von der Arbeit wegrennt, ist er nicht. Viel zu gewissenhaft, will doch immer Vorbild sein. Aber kommen wird er, ganz bestimmt.
Herrgott, was sage ich Willi? Das ist überhaupt das Wichtigste. Erklären muß ich ihm, warum ich in die Stadt gefahren bin, und er muß es mir glauben. Willi ist klug, der nimmt nicht alles für bare Münze. Wenn ich angebe, daß ich beim Zahnarzt war? Geht nicht, er guckt dann gleich in meinen SV-Ausweis. Ich werde was anderes finden. Es gibt so viele Gründe, warum die Leute in die Stadt fahren. Brechend voll war die Straßenbahn heute. Alle wollen sie etwas kaufen, es ist ja nicht mehr lange bis zum Fest. Willi hat auch noch Besorgungen zu machen. Der Kleine braucht dringend einen Anorak. Warum soll ich mich nicht umgesehen haben, was es gibt? Ja, das werde ich sagen. Die Wahrheit ist's sogar, ich brauche nicht mal zu lügen. Er wird schimpfen, aber nichts merken. Hauptsache, es ist dann vorbei. Niemals darf er erfahren, was gewesen ist. Ich will's nie wieder tun. Das schwöre ich.

Ich bin schrecklich durstig und müde. Aber mein Herz klopft. Das ist die Unruhe. Immer bin ich unruhig, schon viele Wochen lang. Ob das eine Krankheit ist, daß ich nirgendwo mehr Ruhe finde?
Draußen auf dem Gang sind Schritte. Sie kommen näher. Die von der Schwester sind dabei, aber die anderen gehören nicht dem Doktor. Der läuft auf leisen Sohlen. Jetzt geht die Tür auf. Die Schwester tritt an mein Bett, allein. Es ist ihre Stimme: Frau Bertram, hören Sie mich?
Die Schwester nimmt meine Hand, fühlt den Puls. Ich will mich nicht rühren, aber ich zittere. Sie muß es spüren. Sie sagt: Sie haben Besuch, Frau Bertram.
Willi ... Ich fahre hoch. Ein rasender Schmerz jagt mir durch den Kopf. Nebel vor den Augen, Schleier, die sich drehen. Es ist nicht mein Mann, der dort in der Tür steht. Ein Fremder, nie bin ich dem begegnet. Was will er von mir?
Der Fremde sagt etwas, vielleicht seinen Namen, ich kann's nicht verstehen. Aber jetzt: Ich komme von der Kriminalpolizei. Wir haben einige Fragen an Sie.
Die Schwester faßt mich an den Schultern. Sie legt mich ins Kissen zurück, ganz sacht. Ich weiß, es ist alles aus.

Leutnant Szymanski

Der Wagen hat die Innenstadt hinter sich gelassen. Lärm und Lichterfülle sind zurückgeblieben. Dichtes Schneetreiben behindert die Sicht. Eine Straßenbahn schaukelt vorüber, danach scheint der Vorort wieder wie ausgestorben. Zum wiederholten Male schaltet der Fahrer die Scheibenwischer ein. „Zissendorf ist eine beschissene Gegend", bemerkt der junge Kollege, der Szymanski begleitet. „Um diese Jahreszeit, meine ich."
Der Leutnant schweigt. Er denkt an die Frau, die er in der Klinik aufgesucht hat und die ihm nun Kopfzerbrechen macht. Er kann sie nicht einordnen, sie paßt nicht zu diesem Fall. Während langer Wochen, in denen er an der Fahndung nach

ihr beteiligt war, hatte er sich verschiedene Bilder von ihr gemacht. Viele Leute waren ihm begegnet, die sie beschrieben hatten, sehr unterschiedlich und doch wieder übereinstimmend. So kam es, daß er sich die Frau einmal dreist und aggressiv, ein anderes Mal kriecherisch anbiedernd vorstellte. Sie mußte ein Luder sein, und zwar ein ganz raffiniertes. – Und nun? Die wirkliche Eva Bertram war nichts dergleichen. Wenn es nicht im krassen Widerspruch zu den Fakten stünde, der Leutnant würde sie naiv nennen. Naiv und ehrlich, denn sie hat, noch ehe er die erste Frage stellte, fast überstürzt gesagt: Ich gebe es zu. Alles.

Die Motive aber fehlen. Kein einziges hat sie angegeben. Ihr Geständnis müsse genügen, dabei ist sie geblieben. Er konnte reden, wie er wollte, behutsam erst, dann fordernd, die Worte glitten an ihr ab. Zum Schluß antwortete sie gar nicht mehr, sie weinte. Es war ein stummes Weinen; die Tränen quollen unter den geschlossenen Lidern hervor und näßten den Kopfverband. Bestürzt über soviel Hilflosigkeit, hatte er sich entfernt. Und die Vorwürfe der Schwester, die um die Ruhe der Patientin besorgt war, über sich ergehen lassen müssen.

Eva Bertram ist ihm ein Rätsel. Oder richtiger: Er ist nicht mit ihr klargekommen. Das ärgert ihn. Zuwenig Erfahrung glaubt er zu besitzen, ungenügende Menschenkenntnis. Die Fachschule in Aschersleben hat er mit der Note „sehr gut" absolviert, aber ihm fehlt die Praxis. Und er kann Frauen nicht weinen sehen, er hat das nie vertragen, da wird ihm mulmig. Es ist eine alte Schwäche, die einer im Polizeidienst nicht haben sollte.

Unvermittelt fällt ihm eine These ein: Asoziale Verhältnisse sind fast immer eine Quelle von Kriminalität. Vielleicht ist es das, was die Frau vor ihm verbergen wollte? Sie lebt in häuslicher Misere und schämt sich deswegen. Warum sonst gerät eine Mutter von drei Kindern, ein bisher unbescholtener Mensch, auf die schiefe Bahn?

Gleich werde ich es sehen, denkt der Leutnant. Sie hat gesagt, daß niemand etwas von ihren Vergehen weiß. Aber das muß nicht stimmen. Oft ist es doch so, daß der beschuldigte Teil

den Partner, dem nichts zu beweisen ist, geflissentlich heraushalten will. Es reicht, wenn einer sich verantwortet, dafür behält der andere die Freiheit und seinen guten Ruf.
Der Mann dieser Eva, Willi Bertram, hat einen guten Ruf. Er ist Elektromonteur im VEB Gebäudeinstallation, Meister sogar, leitet eine Brigade, die mehrfach den Staatstitel errungen hat, und er betätigt sich aktiv in der Gewerkschaft. Auch verdient er nicht wenig, bei Gott nicht, Überstunden und Zuschläge eingerechnet. Was aber alles nicht heißen muß, daß er ein guter Familienvater ist. Er kann ein heimlicher Säufer sein, vielleicht verschwendet er sein Geld für ein kostspieliges Hobby, oder er läßt sich von einer Freundin ausnehmen. Darüber fällt zu Hause der Kitt von den Fenstern, und die Mäuse laufen sich in der Speisekammer Blutblasen. Soll ja alles vorkommen, möglich ist viel.
„Da wären wir", sagt der Fahrer und bremst vorsichtig. „Hier müßte es sein, Ecke Heiderosenweg. Wird's lange dauern?"
„Bin ich Jesus?" Der Leutnant stößt die Tür auf, eklige Nässe weht den beiden Kriminalisten entgegen. „Ich weiß nicht, was uns erwartet. Aber unter einer Stunde rechne ich kaum."
Das Haus steht inmitten eines Gartens. Selbst in der grauen Dämmerung ist der quadratische Baustil der frühen dreißiger Jahre zu erkennen. Zu ebener Erde und im Obergeschoß brennt Licht. Es fällt auf einen verschneiten Weg, einen kahlen Fliederstrauch und vom ersten Frost schwarz gewordene Rosen. Das Haus ist unverschlossen, der Flur von einer schwachen Lampe erleuchtet.
Bevor der Leutnant sich entschließt, an die erstbeste Tür zu klopfen, tut sie sich auf und eine Frau streckt ihren Kopf heraus. Krause dunkle Locken über einem zerfurchten Gesicht und sehr wache Augen. „Wollen Sie zu denen 'rauf?" fragt sie. „Zu Willi Bertram? Wissen Sie, was bei denen heute los ist?"
Der verächtliche Ton ist deutlich, doch der Leutnant überhört ihn. Er nickt, was sowohl Gruß als auch Bestätigung sein kann, und steigt mit seinem Begleiter treppan.
Oben öffnet ihnen ein schmächtiger Junge, nicht älter als zwölf Jahre, und führt sie in die Küche. Das erste, was dem

Leutnant auffällt, ist der Eindruck blendender Helle und Sauberkeit. Sie geht nicht nur von den Neonleuchten über Tisch und Arbeitsplatz aus, sie strahlt vom blitzenden Elektroherd, dem Kühlschrank mit Gefrieraufsatz und den Hängeschränken zurück, und sie leuchtet in den getupften Gardinen. Die Küche ist ein Traum in Hellgrün und Weiß. Sie könnte Exponat einer Musterschau sein, stünde nicht der modernen Pracht gegenüber ein altes, bequemes Sofa und ein ebenfalls betagter Tisch mit einer Wachstuchdecke darauf.

Dort sitzt in Ungewißheit über den Verbleib der Frau und Mutter die Familie; hingelümmelt der Sohn, aufrecht und steif die Tochter, mit vor der Brust verschränkten Armen der Vater. Vielleicht sitzen sie schon seit Stunden so untätig und ohne ein Wort, denkt der Leutnant. „Szymanski", stellt er sich vor und weist dann auf seinen Mitarbeiter. „Das ist Genosse Wolf. – Es handelt sich um ihre Frau, Herr Bertram."

Der Mann kommt ihm entgegen. Ein Hüne ist er, mit eisgrauem Haar und wettergebräuntem Gesicht, und er wirkt gewichtig, weniger durch Körperfülle als durch Haltung. Sein Händedruck ist fest, doch in der Stimme, einer erstaunlich hohen Stimme, flattert es, als er fragt: „Was ist mit meiner Frau? Ist ihr etwas passiert?"

„Ein Unfall. Aber sie lebt und wird gesund werden", entgegnet der Leutnant. Er sieht dabei den spillrigen Jungen an, ein Nachkömmling offenbar, der sich neben den großen Bruder aufs Sofa drängelt und die Schultern zusammenzieht, als friere er. Das Kind ist voller Angst, das erkennt ein Blinder. Es hindert ihn, so anzufangen, wie er sich vorgenommen hatte. Deshalb sagt er: „Wir möchten zuerst mit Ihnen allein sprechen, Herr Bertram."

Ein Aufatmen hatte die Brust des Mannes gehoben, nun wird er stutzig. Fragt, was das solle; Tochter Evelyn und Sohn Peter seien erwachsen, dürften alles hören, was ihre Mutter beträfe, höchstens, daß man den Kleinen für einen Moment hinausschicken könne. Der Leutnant, auf andere Art mißtrauisch, beharrt auf seinem Wunsch. Er will und darf den Mann nicht verdächtigen, aber noch ist nicht ausgeschlossen, daß der die bösen Wege der Eva Bertram kannte, daß sie alle hier davon wissen und fürchten, sich in Einzelgesprächen zu verraten. Denn die großen Kinder schweigen, auch nachdem der Vater sie aufgefordert hat, sich zu dem Verlangen, das ihm mehr als unbillig vorkommt, zu äußern. Sie schweigen, als ob sie taub und stumm wären. Eine eigenartige Atmosphäre, in der sich der Teufel zurechtfinden mag.

Urplötzlich gibt der Mann nach und geht ins Wohnzimmer. Doch er setzt sich nicht und bietet auch den Besuchern keinen Platz an. Um Haupteslänge überragt er Szymanski, und aus dieser Höhe bellt er ihn an: „Na bitte, wir sind allein. Reden Sie endlich, Mann."

Der Leutnant bedauert, und das nicht zum ersten Mal in seiner Laufbahn, daß er nur eins sechzig groß ist. Hätte er eine einigermaßen annehmbare Statur, manche Leute würden sich verkneifen, ihn anzublaffen. Aber gefallen, so ohne weiteres, läßt er sich solchen Ton nicht. Er hat Zeit. Nachdem er die Einrichtung gemustert hat, läßt er sich in einem Sessel nieder. „Eigentlich bin ich es, der Fragen zu stellen hat. Oder was meinen Sie, warum sich die Kriminalpolizei einschalten mußte?"

Der Mann ist ihm mit den Augen gefolgt, ohne sich vom Fleck zu rühren. Einen Moment scheint er unsicher, redet von der Schuldfrage bei Unfällen, verhaspelt sich und stößt dann hervor: „Mein Gott, ich weiß doch gar nicht, wo das passiert ist und wie. Was ist mit Eva? Und warum wurde ich nicht sofort benachrichtigt?"

„Sie war auf der Flucht, weil sie gestellt wurde", sagt der Leutnant. „Ihre Frau, Herr Bertram, hat gestohlen. Und das seit Monaten. Klar ausgedrückt, sie ist eine Taschendiebin."

Er hat laut und akzentuiert gesprochen und eine bestimmte Reaktion erwartet. Doch er ist nicht verstanden worden. Bertram sieht ihn entgeistert an, schüttelt den Kopf, zuckt mit den Schultern. Der Leutnant muß den letzten Satz wiederholen.

Da begreift der Mann. „Sind Sie verrückt? Eva ..." Und nun übermannt ihn der Zorn. „Das ist glatter Irrsinn, eine bodenlose Unverschämtheit ist das. Was erlaubt sich die Polizei? Monatelang, sagen Sie ... Den Dieb nicht finden, unfähig, aber anständige Menschen beschuldigen, das können Sie. Na, warten Sie, ich werde ..."

Die hohe Stimme gellt dem Leutnant in den Ohren. Immer heftiger wird Willi Bertram, tobt heraus, was er tun und bei wem er sich alles beschweren will. Das kann sowohl echte Empörung als auch Theater sein. Der Leutnant beherrscht sich, Geduld ist hier nötig. Er fällt Bertram nicht ins Wort, wartet, bis der Dampf abgeblasen, der Ausbruch zu Ende ist. Das kommt, auf einmal ist der Mann still. Streicht sich das wirre Haar zurück und lacht auf. „Diebstahl, das ist ja lächerlich."

„Sie hat gestanden", sagt der Leutnant. „Und wir werden uns den Beweis ansehen. Doch dazu benötigen wir zwei unbeteiligte Zeugen. Wer wohnt noch hier im Haus?"

„Zeugen? Wozu?" Bertram möchte noch einmal aufbegehren. Es gelingt ihm nicht, er ist erschöpft. Und da ist dieses Wort „gestanden", das ihm zu schaffen macht. Er kämpft mit sich. „Familie Schneeholz", preßt er schließlich hervor. „Die wohnen nebenan." Der junge Genosse entfernt sich, um die Zeugen zu holen. Ein älteres Ehepaar erscheint, das sich bemüht, Befremden und Neugier zu verbergen. Stumm folgen beide den Kriminalisten und Bertram ins Schlafzimmer. Es riecht hier, wie überall in der Wohnung, nach Bohnerwachs und entfernt nach Wäsche und Spülmitteln, es riecht absolut nicht nach asozialem Lebenswandel, eher nach übertriebener Reinlichkeit.

Die Bettwäsche liegt in einem kombinierten Schrank, der eine ganze Wand einnimmt. Szymanski öffnet die rechte Tür und sieht peinlich genau geordnete Stapel. Seine Hand tastet über die Fächer: drittes von oben, unter den Bezügen. Er fühlt Papier, zögert, zieht es dann mit einem Ruck heraus. Ein dicker Umschlag ist es, prall gefüllt mit Geldscheinen.

Es sind so viele, daß die Papiertüte geplatzt ist und die Banknoten herausdrängen. Alte, zerknitterte sind dabei und fast nagelneue rote, grüne und braune, eine einzige blaue. Sie hat nicht gelogen, als sie die Summe angab, denkt der Leutnant. Dreitausendfünfhundertzwanzig Mark, es mag hinkommen. Langsam, taumelnd wie ein Betrunkener, tut Willi Bertram ein paar Schritte rückwärts und sinkt auf das breite Ehebett. Die Überdecke, Atlas mit Spitze, bauscht sich und rutscht zusammen. Er achtet nicht darauf, seine Augen sind, wenn es das gibt, nach innen gerichtet, blicklos jedenfalls. Nichts mehr von Gewichtigkeit und Selbstbewußtsein; der hier hockt, zusammengesunken und bewegungslos, ist ein Angeschlagener. Und auf einmal auch ein alter Mann.

So sieht ihn der Leutnant und ist jetzt überzeugt: Bertram hat nichts gewußt, so benimmt sich keiner, der ein Komplize ist. Es hat ihn unvermutet getroffen, aus wolkenlosem Himmel, und er verkraftet es noch nicht. Etwas ist in ihm zerbrochen, der Glaube an einen Menschen vielleicht oder nur die Illusion vom behüteten Heim mit Fernseher, Traumküche und kuscheligem Bett. Sie ist eine Zierliche, die Taschendiebin, anschmiegsam sicherlich und empfänglich für Zärtlichkeit. Solche Art hat schon andere getrogen. Wissen müßte man, wie sie zusammen gelebt haben, die beiden, das wäre nicht unwichtig. Weil man dann den Motiven näherkäme, über die sie schweigt und, wie es aussieht, weiter schweigen will.

„Das ist doch glatter Wahnsinn." Der Mann ist zu sich gekommen, schneller als erwartet. Die Zeugen mit einem wütenden Blick streifend, geht er zum Schrank. Er reißt die Türen auf, alle. „Da, sehen Sie. Hat sie das nötig gehabt?" Die Hand zerrt an Kleidern und Röcken, langt in ein Fach mit Pullovern. „Hier. Was eine Frau sich nur wünschen kann, ich hab's ermöglicht. Warum mußte sie das tun?"

„Das wüßten wir selbst gern", entgegnet der Leutnant. „Auch im Interesse Ihrer Frau. Sie schweigt über die Gründe. Deswegen hatten wir gehofft, daß Sie uns einen Hinweis geben könnten. Und wenn's nur Andeutungen sind, die wir selbstverständlich vertraulich . . ."

„Nichts kann ich." Der Mann schneidet ihm das Wort ab. „Sie hat uns ruiniert. Begreifen Sie das? Mich und die Kinder."

„Na, na", sagt der Leutnant begütigend und denkt: Deine Wut

ist nicht gespielt, du bist verzweifelt. Das ist zu verstehen, aber du übertreibst auch ein bißchen. Von wegen ruiniert. Einen Mord hat sie ja nicht begangen, und es dreht sich auch nicht um Millionen. Der Schaden, da bin ich sicher, wird zu ersetzen sein, und dann mußt du halt eine Weile allein wirtschaften. Die Welt geht davon nicht unter, ihr werdet es schon überstehen. Aber richtig gefragt hast du. Warum mußte sie das tun? Mußte sie überhaupt?

Später, wieder im Wohnzimmer, sitzt ihm die Tochter gegenüber. Sie ähnelt der Mutter, da ist die zierliche Nase, die sanfte Rundung des Kinns. Nur die Augen, hier graugrün und kühl, dort von einem warmen Braun, stimmen nicht überein. Den Pagenkopf mit den Ponyfransen hat er schon gesehen. Jetzt fällt ihm auch ein, wo. Sie arbeitet im Kunstgewerbegeschäft am Markt. Als er im Jahr zuvor, auch um die Vorweihnachtszeit, ein Geschenk für seine Frau suchte, hatte sie ihn beraten. Nicht schlecht, Geschmack hat sie, aber die Wandteppiche, die sie anbot, überstiegen bei weitem seine Mittel, sündhaft teuer waren sie. Doch das zuzugeben, hatte er sich nicht getraut und einen gekauft. Den nächsten Kaffee konnte er sich zwei Monate später leisten. Evelyn Bertram erinnert ihn an geschliffenes Glas, glatt und schimmernd und sehr kostbar.

Wenn er sie noch lange ansieht, bekommt er Hemmungen. So gibt er sich den Anschein der Nachdenklichkeit, schaut ab und zu in seine Notizen und dreht den Kugelschreiber zwischen den Fingern. Die Mitteilung über die Vergehen der Mutter hat Evelyn Bertram gelassen aufgenommen. Weder Schreck noch Angst stören das Gleichmaß ihrer Züge. Nein, sie weiß von nichts, natürlich nicht, und erklärt auch, warum. „Weil ich mich kaum noch in dieser Wohnung aufhalte. Meine künftigen Schwiegereltern haben mir ein Zimmer eingerichtet; in ihrem Haus, draußen am Westorfer See. Sanitätsrat Wittich, der Zahnarzt, wenn Ihnen der Name ein Begriff ist."

Der Leutnant hat so gesunde Zähne wie ein junges Pferd, Namen von Stomatologen sagen ihm nicht das geringste. Es ist

auch unwichtig. Dafür hat er etwas anderes begriffen. Evelyn Bertram hat sich innerlich, aus welchen Gründen auch immer, von ihrem Elternhaus getrennt. Sagt man doch nicht „diese Wohnung“, wenn man ein Zuhause meint.
Damit taucht eine Vermutung auf. Die Tochter ist verlobt, eine Hochzeit steht wohl bald ins Haus. Die Eltern des Bräutigams stellen etwas dar und haben was zu bieten. Da will man vielleicht mithalten, schon was das Geschenk betrifft, ob man sich das leisten kann oder nicht. Solche Sitten spielen ja bei manchen Leuten noch immer oder schon wieder eine Rolle. Möglich auch, daß die Bertrams die Tochter, die einzige, wieder fester an sich binden wollten. Sollte das ein Motiv sein, sich mit allen Mitteln Geld zu verschaffen? Geld, das zum großen Teil nicht ausgegeben, sondern im Wäscheschrank gehortet wurde.
„Zwingen Sie mich bitte nicht, über Mutter zu sprechen“, sagt Evelyn Bertram. „Ich hatte nie die rechten Beziehungen zu ihr. – Vater ist zu bedauern ...“
Ein leiser Schauder läuft dem Leutnant über den Rücken. Er hat noch keine Kinder, seine Frau will damit warten, bis sie ihre letzte Prüfung abgelegt hat, und nimmt die Pille, aber wenn er sich vorstellt, daß er einmal eine solche Tochter wie dieses Mädchen haben sollte ... Nein, das stellt er sich lieber nicht vor.
Er beendet das Gespräch, bei dem nicht viel rausgesprungen ist, dann ziemlich schnell. Insgesamt hat er wenig erfahren, und er erhofft sich auch nichts mehr. Er hat große Lust, der ganzen Geschichte ein Ende zu machen und sich die Befragung des letzten erwachsenen Familienmitgliedes einfach zu schenken. Die Gewohnheit hindert ihn daran und die Spruchweisheit seines Chefs, der täglich mindestens einmal zu sagen pflegt: Halbe Arbeit ist schlimmer als gar keine Arbeit.
Peter Bertram lümmelt sich in den Sessel, wie er sich vorher aufs Sofa gefläzt hatte. Die Unterlippe vorgeschoben, in den Augen einen gleichgültigen Ausdruck, sieht er an dem Leutnant vorbei ins Leere. Der kennt solche Typen zur Genüge. Sie stehen abends am Markt herum, versperren manierlichen

Fußgängern den Bürgersteig und scheinen nur aus Langeweile zu bestehen. Dennoch wird man den Eindruck nicht los, daß sie gerade etwas ausgeheckt haben oder aushecken werden. Vielleicht nur deshalb, weil wallende Haare und struppige Bärte den Blick in die Gesichter verwehren.
Dieser Junge aber, Peter Bertram, hat einen fast nackten Kopf. Die dunklen Strähnen sind auf Zentimeterlänge zurückgeschnitten und lassen die Ohren frei. Sie sind ein wenig zu groß geraten und glühen rot. Die Ohren verraten, daß der junge Mann zwar auf stur geschaltet hat, innerlich aber erregt ist. Das heißt, er weiß Bescheid, der Vater muß ihn unterrichtet haben. Aber er ist nicht gesonnen, sich zu äußern und Fragen zu beantworten, zuckt nur mit den Schultern und starrt weiter die Tapete an. Der Leutnant erlebt dieses Verhalten nicht zum ersten Mal. Wenn so einer nicht will, dann will er nicht. Nur darf man sich davon nicht bluffen lassen, denn das Durchstehvermögen ist meistens schwächer als der Wille, sich zu widersetzen. So deutet er in aller Ruhe an, daß es ihm nichts ausmache, den Bockbeinigen mitzunehmen und das Gespräch in der Dienststelle fortzusetzen.
„Von mir aus“, entgegnet Peter Bertram träge, aber er wendet wenigstens das Gesicht von der Wand. Und dann stößt er hervor, so laut, daß es fast wie ein Schrei klingt: „Ich glaub's nicht. Ihr könnt mich in Stücke hacken, ich werd's nie glauben.“
Der Leutnant widerspricht nicht, er schweigt. Denn ihm ist eben aufgegangen, daß er den Jungen falsch eingeschätzt hat. Dessen Augen sind nicht von gespielter Gleichgültigkeit verschleiert, sie stehen voller Wasser. Er kämpft mit den Tränen, er möchte es nur nicht zeigen, ein Mann will er sein. Dem Gesetz nach ist er einer, achtzehn Jahre, Bauschlosser im zweiten Lehrjahr, aber alles an ihm wirkt noch eckig und unfertig. Er langt in die Hosentasche, zieht eine zerknautschte Packung Juwel, Streichhölzer und eine leere Kremschachtel heraus. Hastig steckt er sich eine Zigarette an, die Blechschachtel ist sein Aschenbecher. Ein heimlicher Raucher, denkt der Leutnant und kann sich ein Lächeln nicht verbeißen.

Der Junge sieht es, und langsam entspannt sich sein Gesicht. „Meine Mutter und klauen“, sagt er, „da muß doch einer spinnen. Das ist echt nicht drin.“
Darauf geht der Leutnant nicht ein. Ob er in den letzten Wochen eine Veränderung im Wesen der Mutter bemerkt habe, fragt er ihn. Er könne sich vorstellen, daß sie nervös geworden sei, gedrückt oder mißlaunig.
Peter Bertram denkt nach. Es scheint ihm Mühe zu bereiten, seine Miene verfinstert sich erneut. „Obenauf war sie“, erklärt er schließlich. „Richtig irre lustig. Hat gelacht, auch wenn's nichts zu lachen gab.“
„Und vorher? Hat sie früher nicht gelacht?“
„Weiß nicht“, antwortet der Junge. Er überlegt wieder und fügt hinzu: „Wir sind 'ne ziemlich ernste Familie. Und geredet wird bei uns auch nicht viel.“
Der Leutnant nickt. Einen Augenblick sieht er die Bertrams um den großen Küchentisch versammelt, irgendeine Suppe löffelnd. Sehr verschiedene Menschen, jeder mit sich beschäftigt, zusammengehalten allein durch den gemeinsamen Herd. Die Vorstellung verfliegt schnell, und sie kann falsch sein. Familienpsychologie ist jetzt auch nicht erforderlich. Er steckt seinen Block, auf dem wenig geschrieben steht, ein und will sich verabschieden. Aber Willi Bertram und Tochter sind nicht da. Peter erklärt, der Vater wäre im Erdgeschoß bei der Hausbesitzerin, er könne ihn holen. „Nicht nötig“, wehrt der Leutnant ab. „Übermitteln Sie ihm, daß wir ihn benachrichtigen, wenn er Ihre Mutter besuchen darf. Sie wird auch ein paar Sachen brauchen, Nachthemd, Seife und so weiter.“
Peter Bertram antwortet nicht. Jäh dreht er sich um und stürzt aus dem Zimmer. Eine entfernte Tür schmettert ins Schloß. Nun endlich hat er ganz begriffen, daß alles, was geschehen ist, unwiderruflich bleibt.
Die Wohnung, die reinliche und bis zur Unpersönlichkeit ordentliche Wohnung ist auf einmal leer und still. Bis auf ein auf- und abschwellendes Weinen. Es kommt aus der Küche und scheint sich in alle Winkel auszubreiten. Als der Leutnant mit seinem Begleiter an der Tür vorbeigeht, sieht er den klei-

nen Jungen. Wie verloren sitzt er auf dem Sofa, Arme und Stirn auf der Tischplatte, und schluchzt ohne Pause. Der magere Kinderrücken unter dem groben Pullover zuckt.
Jetzt, zum ersten Mal an diesem Abend, packt den Leutnant wieder der Zorn auf die Taschendiebin. Er ist so stark wie in der Zeit der fruchtlosen Ermittlungen, aber er ist auch anders. Was hast du angerichtet, du gewissenlose Person, denkt er. Wie und wann willst du das wiedergutmachen?
Rasch verläßt er das Haus. Es hat aufgehört zu schneien. Der späte Abend ist kalt und klar. Nur der Wind weht noch. Er riecht, bis weit ins Land hinein, nach Meer und Frische. Der Leutnant atmet ihn tief ein. –
Warum hat Eva Bertram gestohlen?

Ungewißheit

Wie der Schnee glänzt draußen auf dem Hof, so weiß, so sauber. Es muß sehr kalt sein, aber ich spür' nichts davon. Tag und Nacht ist es warm in der Zelle, warm und dumpf. Sie haben mich hergebracht, als es mir besser ging, erst auf die Krankenstation und dann in diesen Trakt. Ich warte und grüble, das ist jetzt mein Leben. Untersuchungshaft heißt es.
Ich kenne nur noch die Zelle. Was um mich herum geschieht, weiß ich nicht, nicht mal, wie groß das Haus ist und ob viele drin sind. Manchmal glaub' ich, daß ich ganz allein bin. Besonders in der Nacht. Ich liege und denke an zu Hause. Immer das gleiche; wie sie zurechtkommen mögen ohne mich. Wenn wenigstens Sommer wäre. Die Heizerei im Winter war bei uns von jeher eine Plage. Der Kleine friert bestimmt, jedes Jahr hat er so viel gefroren. Ist eben blutarm, dabei bleibe ich, auch wenn alle meinen, daß ihm gar nichts fehlt. Ich bin mir nicht sicher, ob er jetzt richtig ißt. Evelyn ist alt genug, sie sollte sich nun kümmern. Evelyn, mein Gott, wie mag sie's aufgenommen haben, daß ihre Mutter ... Und die Wittichs erst ... Vielleicht springt er jetzt ab, der Verlobte? Wenn er sie liebt, wird er zu ihr halten. Wenn er sie liebt, das ist die Frage.

Schluß. Nicht daran denken. Nur nicht aufregen, nur nicht wieder eine schlaflose Nacht. Morgen muß ich ruhig sein, ganz ruhig. Denn morgen ist die Verhandlung. Ich stehe vor dem Richter. Angeklagte Bertram, erheben Sie sich und sprechen Sie die Wahrheit. Angeklagte Bertram ...

Ich will es endlich hinter mich bringen, will, daß es rasch vorbeigeht. Was ich getan habe, hab' ich getan. Ich muß nur immer ja sagen. Sie werden mich verurteilen, und dann komme ich in ein richtiges Gefängnis. Der Staatsanwalt hat gesagt, es läge auch an mir, wie lange ich drin bleiben müßte. Was der zusammenredet. Ich kann doch nichts mehr ändern.

Hegewald heißt er. Noch jung, höchstens Mitte Dreißig, aber schon eine Glatze. Eigentlich sieht er nett aus, dachte ich zuerst, so friedlich. Wie man sich täuschen kann. Aushorchen wollte er mich. Fragt und fragt und tut, als ob er mir beistehen könnte. Glatter Unsinn, lächerlich. Der Staatsanwalt ist für die Anklage da, er muß mich beschuldigen, er darf mir gar nicht helfen. Und was sollte ich auch sagen? Ich hab' geschwiegen, bis er fort war. Schweigen hab' ich gelernt, es fällt mir nicht schwer. Nur hat er nicht nachgegeben, so ein Zäher ist das. Hat erklärt, daß er mich einem Psychiater vorstellen will. Und das hat er auch getan.

Komisch war das. Ich wußte gar nicht, was ich davon halten sollte. Er hat sich nicht benommen wie ein richtiger Arzt. Unterhalten hat er sich mit mir, als ob wir alte Bekannte wären. Worüber wir gesprochen haben – ich weiß das kaum noch, aber eine ganze Weile übers Fernsehen und auch über Kindererziehung. Erst in der Nacht ist mir eingefallen, was ein Psychiater macht. Das ist einer, der feststellt, ob man verrückt ist.

Davon komm' ich nicht los, seitdem. Das gibt's doch, daß einer irre ist, ohne daß man es gleich merkt. Vielleicht bin ich wirklich nicht mehr richtig im Kopf?

Denken Sie nicht an Ihre Familie, hat der Staatsanwalt gefragt. Wie dieser Mensch mich peinigt. Ist das sein Beruf, die Leute zu quälen? Er sieht nett aus, und er will freundlich sein, aber er ist mir widerlich mit seinen bohrenden Fragen. Und

weiß ich, was er wirklich denkt hinter seinen dicken Brillengläsern?
Er hat gesagt, ganz zu Anfang war das, Willi darf mich besuchen. Das ist gelogen. Sie lassen nicht zu, daß mein Mann sich mit mir trifft. Verdunklungsgefahr werden sie denken. Ich hab' mal einen Film gesehen, da kam so was vor. Aber im Haus muß Willi gestern gewesen sein. Das gute blaue Kostüm hat er für mich abgegeben; er ist darauf bedacht, daß ich vor Gericht ordentlich aussehe. Ob er morgen zur Verhandlung kommt? Wenn ich mir was wünschen dürfte, dann nur dies, daß er wegbleibt. Herrgott, es ist meine Schande, ich muß sie allein tragen.
Aber sehen möchte ich ihn noch einmal, ehe sie mich fortbringen, in die Strafanstalt. Wenn ich nur wüßte, wie lange sie mich einsperren werden. Lieber Himmel, hilf, daß ich den morgigen Tag überstehe.

Richter Kunzmüller

Er hat graues Haar, ein nicht mehr ganz intaktes Herz, und es ist sein letzter Fall: Das Verfahren gegen die Trickdiebin Eva Bertram. In ein paar Tagen wird er in Rente gehen und den Vorsitz in der Schiedskommission seines Wohngebietes übernehmen. Die Funktion ist verwaist, sie warten dort schon auf Kunzmüller. Aber das tröstet ihn im Moment kaum über den Abschied vom Gericht hinweg.
Während er die Treppe zum Verhandlungssaal hinaufgeht, spürt er ein leises Ziehen in der Brust. Es erinnert ihn daran, daß er wieder mal vergessen hat, seine Pillen zu nehmen, und es stimmt ihn grantig. Mehr als dreißig Jahre Richter und kein einziger großer Fall. Uneingestanden hat er ihn sich immer gewünscht, wenigstens zum Abschluß hätte er dasein dürfen. Aber die großen Sachen landen nicht bei den kleinen Leuten vom Kreis, dafür sind die Bezirksgerichte zuständig.
Ausgerechnet Trickdiebstahl, geplante Heimtücke, unter allen kriminellen Handlungen eine der widerwärtigsten. Und die

Bertram ist eine durch und durch verstockte Person. Ihre Vernehmung in der Untersuchungshaftanstalt war ein glatter Schlag ins Wasser gewesen. Mit frechem Leugnen hatte man gerechnet, auf Reue und Einsicht gehofft. Weder – noch. Kein Wort, keine Regung in dem landläufig hübschen Gesicht, nicht mal ein Aufblitzen in den stumpfen braunen Augen. Selten hatte eine Befragung so wenig Erfolg gebracht wie bei der Beschuldigten.
Auch Staatsanwalt Hegewald hat sein Glück vergeblich versucht, der große Menschenkenner, der er sich einbildet zu sein. Vielleicht hat ihn das ein bißchen von seinen Illusionen geheilt, hoffentlich. Glaubt nebenbei noch Psychologie studieren zu müssen, anstatt sich in die Praxis zu knien. Verteidiger hätte er werden sollen, da wäre er am rechten Platz.
Verteidiger – die Angeklagte hat keinen gewollt. Richtiger, ihr Mann war dagegen, er scheut die Ausgabe. Vernünftiger Standpunkt. An der Sache selbst ist nichts zu deuteln, da gibt es auch keine Entschuldigungen. Und ein gesellschaftlicher Verteidiger ist nicht da; die Bertram hat ja nicht gearbeitet. Dennoch kann es eine zähe Verhandlung werden, denkt Kunzmüller. Er fürchtet es, und er fühlt sich gar nicht recht in Form.
Auf dem oberen Flur hört der Richter bekannte Stimmen. In einer Fensternische stehen Hegewald und der Gerichtsreporter vom „Norddeutschen Anzeiger". Sie sind in eine Debatte verwickelt und finden anscheinend keine Einigung. Der Berichterstatter, klein und kugelig, stürzt sich sofort auf Kunzmüller. „Ihr Kollege will mich nicht in den Saal lassen. Ich habe eine Zulassung, seit Jahr und Tag habe ich sie, aber er hindert mich an der Arbeit."
„Ich wollte ihm nur abraten", erklärte Hegewald. „Diese Geschichte ist nichts für die Presse."
Der Richter ärgert sich. Immer fährt der Hegewald irgendwelche Extratouren. „Ich verstehe Sie nicht", sagt er. „Selbstverständlich muß der Fall in die Zeitung. Damit wenigstens ein paar Leute lernen, besser auf ihre Siebensachen aufzupassen. Außerdem erwartet man das Urteil. Oder sehen Sie einen

Grund, die Angeklagte zu schonen?"
Für einen Moment kneift der Staatsanwalt die Lippen zusammen. „Die Familie", antwortet er nach leichtem Zögern. „Es sind ehrliche und angesehene Menschen."
„Wie freundlich, mich darauf hinzuweisen." Kunzmüller ärgert sich noch mehr und wird ironisch. Was der Mann sich denkt. Hier geht es doch nicht zuletzt um das öffentliche Interesse der Rechtsorgane und der Volkspolizei. Die Diebereien der Bertram haben die Stadt lange genug in Unruhe versetzt. Es gab schon Gerüchte, auch Klatsch, daß wohl niemand fähig sei, ihr das Handwerk zu legen. Nun ist es ganz einfach notwendig, die Bürger zu informieren, damit sie sich wieder sicher fühlen. „Machen Sie sich mal keine Gedanken. Der Kollege Journalist wird die Diskretion schon wahren", sagt er und geht seiner Wege.
Die Schöffen sind bereits anwesend, er weiß: nur Frauen. Erstaunlich, daß es das weibliche Geschlecht mit solcher Macht in die Gerichte zieht. Von den Universitäten scheinen auch nur noch Juristinnen zu kommen. Sollte die Ära beginnen, in der nur noch Richterinnen den Vorsitz führen? Erstrebenswert wäre das nicht, auch wenn es den Kolleginnen nicht an Kenntnissen und Konsequenz mangelt. Kunzmüller ist nicht gegen die Gleichberechtigung, er hat schließlich Prinzipien, aber man sieht schon in der Volksbildung, was passiert, wenn ein Heer von weiblichen Lehrern die Schulen überschwemmt. Kinder kriegen, Kinder pflegen, Haushaltskram, ein Haufen familiärer Abhaltungen. Ordnung und Stetigkeit sind eben nicht denkbar ohne das männliche Element.
Natürlich gibt es Ausnahmen. Eine solche ist die Schöffin Marga Beyl, Abfüllerin im Dauermilchwerk, Mutter von vier Kindern. Wie sie zurechtkommt, ahnt er nicht mal, aber sie ist immer da, wenn sie gebraucht wird. Auch jetzt freut er sich, als er sie sieht; ihr Anblick hebt seine Laune merklich. Rund wie ein Apfel und genauso appetitlich frisch. Was noch wichtiger ist, die Kleine kann zuhören, eine Fähigkeit, die man von jedem im Richteramt Tätigen fordern sollte, und sie hat ein sicheres Urteil. Ganz von allein ist das allerdings nicht gekom-

men. Kunzmüller hat ihr logisches Denkvermögen und ihre Entschlußfreudigkeit gefördert und sieht sich ein bißchen als Mentor. Ein Gefühl, das durchaus nicht unangenehm ist.
Marga Beyl erwidert seinen Händedruck und fragt: „Was ist das nur für eine Frau, die Angeklagte? Bei uns in Zissendorf, ich wohne ja nur ein paar Straßen von ihr entfernt, kennt sie keiner näher."
„Wir werden sehen." Der Richter winkt ab. Gespräche vor Verhandlungsbeginn, die über das Notwendige hinausgehen, liebt er nicht besonders, und die Zeit drängt nun auch.

Es nimmt seinen Anfang wie hundertmal und mehr erlebt. Bevor Kunzmüller sich setzt und damit den Schöffen gestattet, ebenfalls Platz zu nehmen, läßt er seinen Blick über den kleinen Saal schweifen.
Er besitzt noch immer die Gabe, vieles in Sekundenschnelle zu erfassen. Über die Figur des Gerichtsreporters, zu dem sich der Kollege vom regionalen Sender gesellt hat, geht er rasch hinweg. Auf den Zuhörerbänken ein paar Frauen, Vertreterinnen der Handelseinrichtungen, in denen die Bertram vorwiegend auf Beute ausging. Zwischen ihnen ein schmächtiger junger Mann. Aha, er will sich das nicht entgehen lassen, Leutnant Szymanski von der K, der die Ermittlungen führte.
Anwesend ist auch der Mann der Beschuldigten, dunkel gekleidet wie zu einem Leichenbegängnis. Er scheint einer von den Furchtlosen zu sein, denn er hält sich aufrecht und sieht dem Richter gerade in die Augen. Kunzmüller achtet ihn dafür. Er kennt Verhandlungen zur Genüge, bei denen es die Partner der Angeklagten vorzogen, an einem solchen Tag auf Dienstreise zu gehen oder sich in einer Kneipe zu verkriechen.
Der neben ihm, das muß der Sohn sein. Forsch versucht er auszusehen, aber selbst ein Halbblinder könnte feststellen, daß sich der Jüngling hier, dazu in Schlips und Kragen gezwängt, denkbar unglücklich fühlt.
Und dann die Beschuldigte. Ungeheuer harmlos schaut sie aus in ihrem korrekten Kostüm mit der weißen Stehbündchenbluse. Das lockige, in der Untersuchungshaft lang gewordene

Haar streng nach hinten gekämmt, die Lider demütig gesenkt. Brav, brav. Kein Wunder, daß sie Erfolg hatte. Alle Tricktäter wirken wie Biedermänner oder Biederfrauen. Ohne das Flair der Unschuld und Vertrauenswürdigkeit würde keiner von ihnen auch nur einen einzigen Pfennig erbeuten. Und die Leute fallen immer wieder auf solche Gesichter herein.

Mit leiser Stimme beantwortet Eva Bertram die Fragen zur Person: Geboren am 30. Juni 1935 in Markallen, einem Dorf in der Nähe des heutigen Kaliningrad. Vater Gärtnereigehilfe, Mutter Küchenfrau. Schulbildung bis zur siebenten Klasse, ohne Beruf. Seit 1962 verheiratet mit Willi Bertram.

Die Anklageschrift ist dem Richter bekannt. Er hat Muße, ihre Wirkung auf die Beschuldigte zu beobachten. Das ist eine entscheidende Phase, nicht zuletzt für die Beurteilung des Menschen, der ein Verbrechen beging. Nicht selten sind sogar hartgesottene Sünder zusammengebrochen, wenn sie ihre Vergehen beim richtigen Namen genannt bekamen und anfingen, die Folgen zu überblicken. Die Bertram ist angeklagt, in mindestens zweiundzwanzig Fällen das persönliche Eigentum durch verbrecherischen Diebstahl angegriffen und die betroffenen Bürger um insgesamt fünftausendeinhundertfünfundvierzig Mark geschädigt zu haben.

Ein Raunen geht durch den Saal. Die Frauen auf den Zuhörerbänken tuscheln, und der Reporter vom „Norddeutschen Anzeiger" macht eifrig Notizen. Unter der Last der Worte, die in der dürren Gerichtssprache rascheln wie trockenes Papier und doch so schwer wiegen, beugt der Mann der Angeklagten die Schultern; der Sohn lächelt dümmlich und knetet seine großen Hände.

Nur die Bertram bleibt unberührt. Blaß ist sie, aber in dem glatten Allerweltsgesicht zuckt keine Miene. Stumpf, denkt Kunzmüller, stumpf und dumpf und gefühllos, besessen allein von Besitzgier. Doch gleich schilt er sich eines voreiligen Urteils. Noch sind wir erst am Anfang, noch kann die Frau aus ihrer Verstocktheit erwachen und Umstände nennen, die ihr Tun wenigstens etwas begreiflich machen.

Der Staatsanwalt schiebt seine Unterlagen beiseite und kommt auf die häuslichen Verhältnisse und das bisher unbescholtene Leben der Bertram zu sprechen. Ordnungsliebe und Sauberkeit erwähnt er, die Kinder, Evelyn und Peter, die sich gut entwickelt haben, fleißig und strebsam sind. Ein normales Haus, vielleicht sogar ein vorbildliches. Beweis dafür und mildernd für die Lage der Angeklagten ist, daß der Ehemann die gestohlene Summe inzwischen zurückerstattet hat, und zwar restlos.

Hegewald ist ein gewandter Redner, er findet zwar eingehende Worte, aber er hält sich zu lange damit auf. So scheint es jedenfalls dem Richter. Nervöse Ungeduld, die vom unregelmäßigen Schlag seines Herzens kommt, nagt an ihm. Was soll das, möchte er sich einmischen, wenn er Zwischenrufe nicht verabscheute, sind wir hier in der chemischen Reinigung oder wo? Wollen wir schon anfangen, Schuld abzuwaschen und zu bagatellisieren, bevor alle Fragen geklärt sind? Kunzmüllers Stift beginnt wie von selbst auf den Tisch zu klopfen, ein nicht lautes, aber unüberhörbares Stakkato.

Doch da ist Hegewalds Rede zu Ende.

Die Frau auf der Anklagebank muß die Blicke nicht spüren, die auf sie gerichtet sind, verächtliche, zornige Blicke. Wie aus Preßmasse geformt, kommt sie dem Richter vor, eine Schaufensterpuppe kann nicht unbeteiligter sein als sie.

„Haben Sie etwas dazu zu sagen?“ fragt er.

Sie erhebt sich gehorsam, schüttelt den Kopf, flüstert „nein“ und setzt sich wieder.

Wenn der Richter noch irgend etwas von ihrer Seite erwartet hat – nun ist auch das vorbei. Die Sache ermüdet ihn, und in seiner linken Seite sticht es. Jetzt die Zeugen, nur noch die wichtigsten, und möglichst rasch. Das Verfahren abschließen, ordnungsgemäß, wie es das Gesetz verlangt, mehr ist hier nicht zu tun.

Zur Beweisaufnahme erscheint zuerst die Zeugin Kerstin Albert, Studentin an der Ingenieurschule. Kunzmüller blättert in den Notizen und vergewissert sich. Richtig, es ist das junge Mädchen, das die Diebin seinerzeit, im Dezember des vergan-

genen Jahres, gestellt hat. Das erste Mal waren sich die beiden Frauen vier Wochen zuvor im „Exquisit" in der Schillerstraße begegnet. Dazu befragt er Kerstin Albert, und sie schildert sachlich, knapp und ohne Emotionen, was damals geschah.
Eine Kordhose wollte sie kaufen und hatte dafür ihr Stipendium und von der Schwester geliehene hundert Mark in der Umhängetasche. Die anfangs gewählte Hose war zu klein, und sie ging, ihre Tasche zurücklassend, eine andere vom Ständer zu holen. Wieder in der Kabine, fand sie die Angeklagte vor, im Begriff, sich den Mantel auszuziehen. Frau Bertram entschuldigte sich, sie wäre der Meinung gewesen, die Kabine sei leer, und entfernte sich mit einem Kleid, das sie zur Anprobe mitgebracht hatte. Die zweite Hose paßte, doch als Kerstin Albert bezahlen wollte, stellte sich heraus, daß die Geldbörse samt Inhalt verschwunden war.
„Angeklagte, Sie haben also die kurze Abwesenheit von Fräulein Albert benutzt, um das Portemonnaie aus der Tasche zu stehlen?" fragt Kunzmüller.
„Ja."
„Sie sind schon mit dieser Absicht in die Kabine gegangen, das Kleid nahmen Sie nur zur Tarnung mit?"
Kopfnicken. „Ja."
Auch im Falle der zweiten Zeugin, der in der „Sandalette" am Markt die Ausweistasche mit hundertfünfzig Mark entwendet wurde, das gleiche monotone Kopfnicken, das gleiche Ja.
„Stimmt es, Angeklagte, daß Sie die Zeugin überredeten, sich bei der Verkäuferin nach weißen Sportschuhen zu erkundigen, um Zeit für Ihren Diebstahl zu bekommen?"
„Ja, es stimmt." –
Zu den Geschädigten gehört auch eine alte Dame, die Rentnerin Emmi Kleinmann aus der Vorstadt Fischförden. Schmal ist sie und gebrechlich. Der Richter läßt einen Stuhl für sie bringen, auf den sie sich umständlich setzt. Weitschweifig beginnt sie zu erzählen.
Es war am letzten Novembertag und ein Glatteis, daß Leute ihres Alters besser am warmen Ofen geblieben wären. Aber sie

hat zum Frauenarzt gemußt, war bestellt, da blieb ihr halt keine Wahl. Der Doktor hat seine Praxis drei Treppen hoch, und sie fühlte sich elend, weil man doch nicht gern zu so einem Arzt geht und weil sie keine Kraft mehr besaß, denn sie hatte vorher noch schnell ihre Rente geholt. Und der weite Weg. Auf dem ersten Treppenabsatz ging's nicht mehr, und sie lehnte sich an die Wand, um Atem zu schöpfen. Da, just in dem Moment, kam eine junge Frau und fragte, ob sie ihr helfen dürfte.

Emmi Kleinmann dreht sich nach der Angeklagten um. „Ja", sagt sie, „das muß sie sein. Bloß dazumalen kam sie mir jünger vor. Sie war so freundlich. Trug meine Tasche und faßte mich unterm Arm. Im Nu waren wir die steilen Treppen hoch. Oben hat sie mir noch den Mantel abgenommen und aufgehängt. Gewundert hab' ich mich ja ein bißchen, daß sie nicht dablieb. Aber sie hat gesagt, es ist ihr zu voll und sie kommt später noch mal wieder. Da denkt man doch nicht gleich an was Schlimmes, nicht wahr?"

„Wann entdeckten Sie den Verlust Ihrer Brieftasche?"

„Zu Hause erst. Den Versicherungsausweis hatte ich doch woanders."

Emmi Kleinmann fistelt aufgeregt. „Wie vor den Kopf geschlagen war ich, glauben Sie's nur. Überhaupt, wo ich nun gar kein Geld hatte. Mein Erspartes war ja fort, ich hatte es gerade erst meinem Enkel gegeben, dem Rolf, für sein neues Auto. Nicht aus noch ein wußte ich. Und auf der Polizei sagten sie, ich bin eben schußlig gewesen, die denken immer, alle alten Leute sind schußlig ..."

„Schon gut, schon gut", beschwichtigte der Richter. Er wendet sich der Angeklagten zu und stockt, ehe er sie anspricht. Ihr Gesicht ist noch immer unbewegt, aber unter den gesenkten Wimpern rollen Tränen hervor. Eva Bertram, die verstockte Person, weint.

Blitzschnell sieht Kunzmüller eine Chance für sich und für die Frau. Vielleicht ist das der Augenblick, in dem sie anfängt, sich zu besinnen.

„Bereuen Sie die Tat?" fragt er.

Die Angeklagte schluchzt und nickt heftig, sprechen kann sie nicht.
„Nie hätte ich das von ihr geglaubt", bemerkt die alte Dame aus Fischförden. „So ein liebes Wesen und so niederträchtig."
Eva Bertram schlägt die Hände vors Gesicht, ihr ganzer Körper bebt.
Kunzmüller bedankt sich bei Frau Kleinmann und entläßt sie. Nur schnell die nächste, damit die Angeklagte nicht wieder in Gleichgültigkeit versinkt.
Zur Tür herein kommt Annerose Thomas. Jedermann kennt ihr Gesicht und ihre elegante Gestalt. Sie ist eine der ersten Schauspielerinnen an den Städtischen Bühnen, manchmal tritt sie auch im Fernsehen auf. Das Publikum genießt ihr Erscheinen, vergißt, wo es sich befindet, und wieder muß Kunzmüller energisch Ruhe schaffen. Mit ihrer tiefen, leicht rauhen Stimme schildert Frau Thomas, wo und wann sie bestohlen wurde. Schauplatz war das Kinderkaufhaus. Sie beabsichtigte, ein Pelzmäntelchen für ihre vierjährige Tochter zu kaufen. Während sie beim Auswählen war, ist die Angeklagte auf sie zugetreten und hat gefragt, ob sie dem Kind einen Anorak anprobieren dürfe. Sie habe daheim ein Mädchen gleichen Alters und wolle sich nicht in der Größe irren.
Selbstverständlich, sagte Annerose Thomas, sei ihr das gestattet worden. Mein Gott, warum nicht, man ist doch gern gefällig, überhaupt, wenn eine Bitte bescheiden, ja fast schüchtern vorgetragen wird.
Beide Taschen, ihre und die der Diebin, hätten nebeneinander gestanden und wären in den paar Minuten, in denen das Kind den Anorak überzog, verdeckt gewesen.
„Das Kleingeld trage ich gewöhnlich in der Jackentasche", erklärt die Zeugin. „Und daß man mir die Ausweispapiere mit Führerschein, Fahrzeugpapieren und Scheckheft entwendet hatte, bemerkte ich erst, als ich zahlen wollte." Sie breitet die Arme aus, eine impulsive, aber auch oft erprobte Geste. „Ein finanzielles Manko hätte mich nicht so hart getroffen. Doch dieser Rattenschwanz von Laufereien und Formalitäten. Und

Mein Erspartes war ja fort …

... berichtet die Zeugin Kleinmann aufgeregt. Zum Glück ist es ihr nicht gestohlen worden, ihr Enkel hat ein neues Auto dafür bekommen.

Er wird sich gefreut haben, denn ein neuer Wagen ist immerhin eine beträchtliche Ausgabe, die kaum jemand vom laufenden Einkommen abzweigen kann.

Größere Anschaffungen müssen angespart werden, und da achtet man sehr genau auf die Bedingungen.

der Zeitverlust. Ich mußte den Zug nehmen, um rechtzeitig zu Dreharbeiten in Berlin zu sein."
Einen Augenblick ist Stille im Raum. Und dann sieht Kunzmüller: Die Angeklagte lächelt. Zerknirschung und Tränen, wenn es jemals echt war – nichts davon ist mehr zu sehen. Ihre Miene widerspiegelt ein neues Gefühl, und das ist, ja, ohne Zweifel, das ist Genugtuung. Mehr als das. So lächelt ein Mensch, der sich seines Erfolges freut. Der Richter begreift den Umschwung nicht, aber er weiß, daß der Anflug von Reue, der Moment der Offenbarung vorüber ist.
„Was machten Sie mit den Papieren der Zeugin?" fragt er.
„Weggeworfen", entgegnet die Bertram, und ihre Stimme ist lauter und klarer als bisher. „Ich hab' sie in eine Mülltonne getan, dort am Markt, neben dem Fischladen."
„Aber ..." Kunzmüller blättert hastig und findet, was er sucht. „Aber in einem anderen Fall steckten Sie die Ausweise in einen Briefkasten, so daß der Bestohlenen wenigstens dieser Verlust erspart blieb. Warum handelten Sie bei Frau Thomas nicht ebenso?"
Eva Bertram zuckt mit den Schultern. „Ich wollte nicht." Sie lächelt immer noch. Es ist ein böses Lächeln. Und es scheint dem Richter, daß dies endlich ihr wahres Gesicht ist.
Alle spüren das, eine Welle von Empörung geht durch den Saal. Kunzmüller läßt ihr freien Lauf, weil er die Leute versteht. Jetzt sachlich zu bleiben fällt ihm schwer. Auch fühlt er sich erschöpft, zu ausgelaugt, um die Anhörung der Zeugen in einem Gang durchzuziehen. Er läßt die Verhandlung unterbrechen.
Nach der Pause betritt Willi Bertram, der Mann der Angeklagten, den Zeugenstand. Offenen Blicks, aufrecht und gesammelt steht er da. Schon vor Tagen hat er den Wunsch geäußert, vor Gericht aussagen zu dürfen. Dagegen war nichts eingewendet worden. Doch findet er nicht gleich einen Anfang. Mehrmals schaut er zu seiner Frau hin, erwartet vergeblich einen Blick, ein Zeichen. Die Bertram sieht es nicht. Sie hat den Kopf zwischen die Schultern gezogen und starrt auf ihre Hände. Eine Haarsträhne hat sich gelöst und hängt ihr in

die Stirn. So verharrt sie, in der Haltung einer Halbwüchsigen, die Schläge erwartet. Weiß sie, was auf sie zukommt? Hat sie Angst, daß zu allem, was ihr vorgeworfen wurde, neue Beschuldigungen gefügt werden? Oder sollte sich das Blatt ganz überraschend wenden? Denn die unumgängliche Frage nach der Mitwisserschaft des Willi Bertram steht im Raum. Eigentlich ist sie nur der Form halber gestellt worden, doch das Schweigen, das ihr folgt, ist mit Elektrizität geladen.
Kunzmüller wiederholt die Frage, eindringlicher jetzt. Der Zeuge schluckt schwer, sein großer Adamsapfel bewegt sich ruckartig. Er zieht ein blütenweißes Taschentuch hervor und trocknet sich den Schweiß von der Stirn. Und dann, nach scheinbar endlosen Minuten, hat er sich gefangen. Nein, zum Vergehen selbst kann er nichts sagen. Er spricht auch nicht, um zu verurteilen oder zu beschönigen, es geht ihm allein darum, das Bild der Angeklagten, wie es sich bisher dem Gericht darstellte, zu ergänzen. Sie, die Diebin, ist ihm eine treue Frau und den Kindern eine liebevolle Mutter gewesen. Familie, Haushalt und Garten, das war ihr Leben. Um so unerklärlicher ihr Tun, denn sie stellte nie Ansprüche, interessierte sich nicht für Geld und hatte zu keiner Zeit größere Summen in der Hand. Sie war, das müsse er leider sagen, geistig etwas zurückgeblieben, schon in der Schule hatte sie Schwierigkeiten. Deswegen war sie auch in der Zeit ihrer Ehe einverstanden, daß er die Familienfinanzen in Regie behielt. Und überhaupt, sie war immer mit allem zufrieden.
Kunzmüller nickt vor sich hin. Stumpf und dumpf und primitiv, denkt er, so habe ich sie von Anfang an eingeschätzt. Wenn nicht dieses Aufflackern gewesen wäre, diese plötzliche Wachheit, als es um die Zeugin Thomas ging. Aber was der Ehemann hier erklärt, verschafft ihm eine kleine Genugtuung gegenüber dem Staatsanwalt. Der wollte wahrhaftig dieser Person mit höherer Psychologie beikommen, wollte ihr Empfindsamkeit andichten. Auch Szymanski, der Kriminalist, rätselte zuviel in die Frau hinein. Noch vorhin, in der Pause, hat er behauptet, daß es immer mal Fälle gibt, deren Hintergründe nie ganz zu durchschauen sind, weil die Täter nicht bereit

sind, ihr Innerstes bloßzulegen. Den der Eva Bertram rechne er dazu. Auch eine Methode, sich was vorzumachen, und grober Unsinn dazu. Jetzt wird er hoffentlich zur Einsicht gekommen sein. Kunzmüller sucht das rosige Jungengesicht des Leutnants zwischen den Zuhörern, aber Szymanski ist nicht mehr im Saal. Nun ja, entweder glaubt er, genug erfahren zu haben, oder er mußte wegen unaufschiebbarer Arbeiten vorzeitig gehen. Macht nichts, man wird ihn bei Gelegenheit aufklären.
Willi Bertram spricht noch immer. Seine Stimme, anfangs rauh, ist hoch und hell geworden. „Ich war zu vertrauensselig", klagt er. „Aber ich wußte wirklich nicht, daß meine Frau unnormal veranlagt ist, daß sie zur Kleptomanie neigt. Wäre mir das bekannt gewesen, ich hätte besser auf sie aufgepaßt. Aber so... ich hab' sie immer für ein großes Kind gehalten." Er holt tief Luft und schließt: „Das wollte ich bloß sagen. Und ich bitte das hohe Gericht: Lassen Sie mildernde Umstände walten."
Der letzte Satz, ein wenig linkisch und geschraubt, wirkt wie zu Hause einstudiert, und so wird es wohl auch sein. Bevor Bertram auf seinen Platz geht, deutet er so etwas wie eine Verbeugung an. Er setzt sich wieder neben den Sohn. Der Junge hat die Hände in die Hosentaschen gebohrt, mit zurückgelegtem Kopf mustert er die getäfelte Decke, als zähle er die Quadrate und Ornamente. Der Vater neigt sich vor und flüstert ihm etwas zu. Da rückt er von ihm ab, ohne die Haltung zu ändern.

Nachdem die Zeugenaussagen beendet sind, meldet sich die Schöffin Marga Beyl. Sie ist unzufrieden mit dem Verlauf der Dinge, Kunzmüller hört es an ihrer Stimme. Weit beugt sie sich über den Richtertisch, um im Gesicht der Diebin lesen zu können.
„Sagen Sie, Frau Bertram, warum haben Sie sich all die Jahre im Haushalt vergraben? Das ist ja kein Leben. Warum arbeiten Sie nicht?"
Die Beschuldigte schrickt auf. In ihren Augen, groß und rund

jetzt, flackert Erschrecken. „Arbeiten ...“, stammelt sie. „Aber ich habe doch nichts gelernt. Ich kann überhaupt nichts.“

„Reden Sie kein dummes Zeug“, sagt die kleine Beyl aufgebracht. „Scheuern und putzen kann jede. Ich habe auch so angefangen. Bloß anfangen muß man halt.“

Die Angeklagte schüttelt langsam den Kopf. „Mein Mann war dagegen. Er hat immer allein für uns gesorgt, und er wollte, daß ich bei den Kindern bleibe.“

„Die sind inzwischen groß, wie wir wissen. Man braucht sie nicht mehr zu füttern und in den Schlaf zu singen. Oder machen Sie das immer noch?“

„Bitte keine Debatten, die nicht zur Sache gehören.“ Kunzmüller, der ermüdenden Verhandlung längst überdrüssig, beendet das fruchtlose Gerede. Die kleine Marga hat ein weites Herz, aber ihr unterläuft ein Fehler, sie geht zu sehr von sich aus. Vergebliche Mühe.

Die Beweisaufnahme ist geschlossen. Eva Bertram hat sämtliche ihr zur Last gelegten Vergehen zugegeben und auf alle Fragen nach dem Warum mit verbissenem Schweigen geantwortet.

Jetzt hat wieder der Staatsanwalt das Wort. Nach allem Dargelegten, führt er aus, seien die verbrecherischen Methoden der Angeklagten um so unverständlicher und verwerflicher. Ihr gesellschaftsgefährdendes Verhalten, die Dreistigkeit ihres Vorgehens, von der in der Zeugenvernahme zu hören war, haben einen moralischen Schaden verursacht, dessen Bedeutung weit über die Summe des gestohlenen Geldes hinausgehe. Alle von ihr Geschädigten wären in Schwierigkeiten gestürzt worden, die in einzelnen Fällen bis zur finanziellen Notlage gingen. Erschwerend sei außerdem, daß die Beschuldigte kein Motiv für ihr Tun angebe und keinerlei Reue zeige.

Hegewald hat sich in Feuer geredet, er hat die Zuhörer gepackt. Alles, was recht ist, denkt Kunzmüller, seltsame Anwandlungen hat der Bursche, aber sein Fach versteht er. Hegewald polemisiert vor allem gegen die von Willi Bertram geäußerten Auffassungen. „Sie wollten Ihrer Frau eine Brücke

bauen, gewiß in guter Absicht. Bewußte Irreführung möchte ich es nicht nennen, doch das Gericht kann dieses Bemühen nicht anerkennen und darf es bei der Urteilsfindung nicht berücksichtigen. Eva Bertram leidet weder an Kleptomanie noch an einem anderen geistigen oder psychischen Schaden. Sie ist, bei normaler Intelligenz, vollkommen gesund. Wir haben ein ärztliches Gutachten, das dem Gericht vorliegt. Alle ihre Verfehlungen wurden bei klarem Bewußtsein und zweifelsfrei in verbrecherischer Absicht begangen. Man muß auch feststellen, es hat der Angeklagten nicht an Ideen und Phantasie gemangelt..."
Der Staatsanwalt beantragt zwei Jahre Freiheitsstrafe für Eva Bertram. Das ist die Mindeststrafe, und trotzdem ist es hart. Das findet sogar Kunzmüller. Den Handelsfrauen auf den Zuhörerbänken erscheit es allerdings zuwenig. Ihr unwilliges Gewisper verfolgt das Gericht, als es sich zur Beratung zurückzieht.

Im Sitzungszimmer liegt, wie immer, der Dunst von feuchten Wänden und altem Staub. Kunzmüller wäscht sich die Hände; er möchte sich eine Atempause verschaffen. Doch wird ihm das nicht gegönnt.
"Zwei Jahre, so ein Wahsinn", empört sich die Schöffin Marga Beyl, noch ehe sie um ihre Meinung gefragt ist. „Was denkt sich denn der Genosse Hegewald? Dem hätt' ich so was zuletzt zugetraut."
Der Richter fragt sich, was heute mit ihr los ist. Privater Ärger vielleicht, der sich hier Luft macht, oder Übermüdung. Kein Wunder, bei alldem, was die Frau so um die Ohren hat. Er lächelt nachsichtig. Bitte, soll sie sich aussprechen und dabei beruhigen, danach wird man sich um so rascher einigen.
„Was ist eigentlich herausgekommen? Nichts ist herausgekommen. Zwei Jahre und Schluß, aber warum sie's getan hat, weiß das einer?"
Marga Beyl gießt sich lauwarmes Wasser aus der Karaffe ein und stürzt es in einem Zug herunter. „Und der Mann? Kleptomanie – das glaubt er doch selber nicht."

„Sie wird ein Rätsel für ihn sein", wirft die zweite Schöffin ein. „Er hat eine Erklärung gesucht, weiter nichts."
„Genau", bestätigt Kunzmüller. „Verzweifelt gesucht, möchte ich meinen. Und er hat sich verdammt tapfer gehalten."
„Ach was, er triefte vor Selbstmitleid. Und wie er redete: Meine Frau war ... Meine Frau hatte ... Meine Frau ist gewesen ... Wie von einer Leiche hat er gesprochen, als wenn sie schon tot wäre."
„Darüber haben wir nicht zu befinden", sagt Kunzmüller, nun schon verärgert. „Ich muß mich sehr über Sie wundern, Genossin Beyl. Bisher habe ich Ihre sachliche Ruhe und Ihr Urteilsvermögen geschätzt ..."
„Da habe ich klargesehen, oder Sie konnten mich überzeugen", unterbricht sie ihn.
„Und was ist hier unklar? Die Angeklagte ist in allen Punkten überführt, sie hat keinen Finger gekrümmt, um sich zu entlasten, und das Gesetz schreibt vor ..."
„Das Gesetz ist nicht alles. Kein Dogma, so sagen Sie doch immer. Mir fehlt einfach zuviel. Zum Beispiel würde ich gern wissen, wie sie wirklich gelebt hat. Sie hat gestohlen, in geradezu ausgekochter Weise, aber ist sie ein krimineller Typ? In meinen Augen nicht. Und in Ihren?"
Darauf hat Kunzmüller keine Antwort. Weil er es noch nicht fassen kann, was ihm da am letzten Arbeitstag passiert. Sein Schützling, die kleine Marga, revoltiert. Und nicht nur das trifft ihn. Unklar spürt er, daß ihr Aufbegehren berechtigt ist, wenn auch rein gefühlsbedingt. Aber er sieht keinen Grund, irgend etwas am Ausgang der Geschichte zu ändern.
„Halten wir uns an die Tatsachen", sagt er matt. „Und bedenken wir: Hegewald ist ein Humanitätsfanatiker. Wenn ausgerechnet er ein so hohes Strafmaß vorschlägt, dann ist es bedacht."
„Auch Hegewald kann sich irren. Vielleicht denkt er, je länger die Haft, um so größer die Läuterung. Als ob das Gefängnis jemals einen besser gemacht hätte. Außerdem, diese Frau wird sowieso nie mehr stehlen."
„Na, wissen Sie." Kunzmüller quält sich ein Lächeln ab; er

ahnt, daß es säuerlich wirkt. „Diese Prognose vergessen wir lieber."
Zwanzig Minuten später wird das Urteil verkündet. Das Gericht hat sich, in Anbetracht des bisher untadeligen Lebenswandels der Angeklagten, auf ein vermindertes Strafmaß von achtzehn Monaten geeinigt.
Eva Bertram nimmt das Urteil an. Was sie dabei empfindet, zeigt sie nicht. Ihr Mann läßt ergeben die Schultern sinken. Kaum daß die Verhandlung geschlossen ist, erhebt er sich und verläßt als einer der ersten den Saal. Den Jungen, der immer wieder zögert und sich nach der Mutter umsieht, schiebt er vor sich her. Für die Verurteilte hat er keinen Blick mehr.
Kunzmüller, der erwartet hat, daß die Eheleute nun miteinander sprechen und Abschied nehmen würden, wundert sich. Aber nur kurz, dann beeilt er sich mit dem Zusammenpacken der Akten.
Auf der Treppe läuft ihm der Reporter vom „Norddeutschen Anzeiger" hinterher.
„Offen gesagt", überfällt er ihn, „Ihr Urteil war ja sehr human. Womit hat die Person solche Milde verdient? Unsere Bürger werden Einspruch erheben. Wir kriegen einen Haufen Leserbriefe, verlassen Sie sich darauf."
Kunzmüller winkt ab und läßt den Mann einfach stehen. Er will jetzt nur noch nach Hause zu seinen Pillen und das quälende Herz besänftigen. Alt fühlt er sich und krank; es ist Zeit für ihn zu gehen. Sollen andere weitermachen, solche wie Hegewald und die kleine Beyl. Mögen sie empfindsamer sein als er, sie sind dafür auch robuster.

Unterwegs

Strafgefangene Bertram, so werde ich jetzt genannt. Beeilen Sie sich ein bißchen, Strafgefangene, und träumen Sie nicht, hat der Wachtmeister gesagt, wegen Ihnen veranstalten wir keine Sonderfahrt.

Ich träume nicht, ich bin bloß matt, zerschlagen und müde wie nach einer schweren Krankheit. Die andere, die mit mir in die Haftanstalt gebracht wird, ist schon eingestiegen. Jung ist sie und ganz hellblond; sie sieht bekümmert aus, aber auch hochmütig. Wir dürfen nicht miteinander reden, und sie, die Blonde, will auch nichts mit mir zu tun haben. So was merkt man. Angeguckt hat sie mich, als ob ich eine giftige Spinne wäre. Warum eigentlich? Für nichts und wieder nichts kommt sie ja auch nicht dorthin.

So ein Auto hieß früher Grüne Minna. Dieses ist dunkelgrau. Niemand von denen draußen sieht, wer darin fährt und wohin. Sechzehn Monate muß ich im Gefängnis bleiben, zwei hab' ich schon weg durch die Untersuchungshaft. Ich kann nicht sagen, daß ich mich davor fürchte. Angst hatte ich nur vor der Verhandlung, und die ist vorbei. Dort soll's eine Schneiderwerkstatt geben und eine Wäscherei. Hauptsache, ich bekomme was zu tun. Bloß immer stillsitzen und vor mich hin brüten, Himmel, das hielte ich nicht aus, da würde ich durchdrehen. Einfach faul sein, das lag mir noch nie.

Aber die Schöffin vorgestern, die mit den roten Locken, ganz sicher waren sie gefärbt, die hat das von mir gedacht. Arbeiten, arbeiten ... Warum, Frau Bertram, haben Sie nicht gearbeitet? Was war ich erschrocken, als sie plötzlich auftrumpfte. Die will dir einen Strick drehen, glaubte ich im ersten Moment, der reicht's noch nicht, was du auf dem Kopf hast, die macht dich ganz fertig. Drei Kinder hab' ich großgezogen, ist das nichts? Die kann sich sicher nicht vorstellen, was es heißt, Kinder zu haben. Einen Mann muß es aber geben, sie trug einen Ehering. Wie der mit ihr auskommen mag? Für Willi wäre die nichts, der mag keine Frauen, die alles wissen und alles können, solche Mannweiber.

Sie haben mich gequält, die Schöffin und noch mehr der Staatsanwalt. Unerklärlich ist er mir und unheimlich. Erst redet er wochenlang, redet und redet, daß er mir helfen will, und dann beantragt er zwei Jahre. Es hat der Angeklagten nicht an Ideen und Phantasie gemangelt ... Hart ist er, härter als Stein, und ich hasse ihn dafür, aber warum sagt er Sachen von mir, die ich selbst nicht weiß? Intelligenz, Phantasie, Ideen ... Was denn nicht noch? Und das soll ich sein? In Willis Augen seh' ich ganz anders aus. Aber er kennt mich auch am längsten und am besten, deshalb hat er die Wahrheit gesagt und nicht der Staatsanwalt. Willi mag sein, wie er will, aber er lügt nicht und denkt sich nichts aus.

Mein Mann wollte keinen Anwalt, er wollte mich selbst verteidigen. Dafür müßte ich ihm dankbar sein. Doch als er sprach, hab' ich mich nur geschämt, vor ihm schäme ich mich am meisten. Weil ich ihn betrogen habe, weil ich nicht den Mut aufbrachte, als es noch Zeit war und alles hätte abgewendet werden können. Vielleicht. Geschämt hab' ich mich auch, als die alte Frau, der ich die Rente weggenommen habe, reingeführt wurde. Vor ihr hätt' ich in den Boden sinken können. Aber nicht vor der Thomas, der Schauspielerin. Daß ich der eins ausgewischt habe, tut mir jetzt noch nicht leid. Warum ist das so? Kann man denn ein und dasselbe einmal so bitter bereuen und ein anderes Mal nicht?

Ich bin eine gemeine Person. Und mein Kopf findet keine Antworten, er taugt nicht für schwere Fragen. Ich brauch' auch nicht mehr nachzudenken. Sechzehn Monate. Eine lange Zeit, in der ich nichts zu verantworten habe. Denken werden andere für mich.

Ich sollte jetzt schon abschalten. Die Augen schließen, nichts sehen, nichts hören, nur dämmern. Schön leise rollt das Auto, kaum eine Erschütterung, die Straße scheint glatt zu sein. Ich könnte einschlafen, wenn mich nicht etwas störte. Kein Laut, keine Bewegung, aber eine fremde Berührung ist da, ich spüre sie ganz deutlich. Und nun weiß ich auch, was es ist: Die Blonde sieht mich an. Durch die geschlossenen Lider fühle ich den Blick und ihre Feindseligkeit. Warum starrt sie mich an, was will sie von mir? Sie dürfte genug mit sich zu tun haben und soll mir meinen Frieden lassen. Oder hat sie Angst vor mir? Ich bin doch keine, vor der man sich fürchten muß. Ich hab' nichts gegen sie. Warum auch? Wir sind beide verurteilt, Strafgefangene, sie und ich.

Strafgefangene – klingt doch ganz gut, fast wie ein Titel. Nur

denken die Leute nicht so. Und wie sie reden werden. Für die in der Stadt, für alle, die mich kennen oder von mir hörten, bin ich Gesindel, Diebsgesindel. – Ich hab' mir den Kopf zermartert, weshalb Willi nicht mit mir gesprochen hat, warum er aus dem Gerichtssaal gestürzt ist, als ob hinter ihm ein Feuer wäre, und den Jungen, den Peter, vor sich hin gestoßen hat. Dabei ist es so einfach, das zu begreifen.
Willi hat die Schande nicht ertragen. Ich glaube sicher, es war zuviel für ihn, was er sich da anhören mußte. Sich danach zu mir bekennen, mich sogar trösten, nein, das ist über seine Kräfte gegangen. Ich durfte nicht so töricht hoffen, daß er mich dort vor den Neugierigen in die Arme nimmt, auch wenn ich mich wie verrückt danach gesehnt habe. Ich bin sehr allein. Und ich habe auf der Welt niemanden außer Willi.
Ich hatte nie einen anderen. Immer ist er der einzige für mich gewesen, immer wollte ich es ihm recht machen, ihm zuerst. Es hat mir weh getan, als er sagte, ich wäre geistig zurückgeblieben. Aber es stimmt ja. Gelernt hab' ich gar nichts, und herausgekommen aus unseren vier Wänden und dem Stückchen Zissendorf bin ich fast nie. Da soll einer nicht zurückbleiben. Meine Güte, wo sind die Jahre hin? Gedacht hab' ich sie mir nicht so. Der Kopf steckte mir voller Flausen, damals, vor langer Zeit. Ein Leben bunt und wunderbar hab' ich erwartet. Jung, verträumt und gefallsüchtig, Gott, was war ich für ein Trinchen.
Komisch, warum fällt mir das jetzt ein? Ich sehe es vor mir, als wäre es erst gestern gewesen. Die große Stube im ehemaligen Schloß von Kleskow, die mal ein Herrenzimmer gewesen sein soll und in der wir Küche, Schlafzimmer und Wohnzimmer in einem hatten, die mächtige Linde vor den Fenstern, sie blühte gerade, und Vater, der sich einen neuen Schlips gekauft hatte, um der Witwe Paschke zu gefallen.

Eva hat den Spiegel auf die Kommode gestellt und schräg gegen die Wand gelehnt. So kann sie beim Kämmen sitzen, im Stehen kommt sie mit der neuen Frisur nicht zurecht. „Steck dir gefälligst den Zopf auf", hat der Vater gesagt. „Damit du halbwegs wie ein erwachsenes Mädchen aussiehst, man geniert sich sonst."
Der Vater knurrt, aber er meint es nicht so, das weiß sie. Er spielt den Strengen, weil ihm die Trennung von ihr doch ein bißchen schwerfällt. Doch es geht nicht anders. Die Witwe Paschke ist noch nicht mal dreißig, und sie will keine fast heiratsfähige Stieftochter. Vater darf nur mit ihr zum Standesamt gehen und in das feine Häuschen ziehen, wenn Eva verschwindet.
Daran findet sie nichts Besonderes. Einmal hätte es sowieso sein müssen. Auch Mutter und Großmutter haben ihre Sachen gepackt und sind in Stellung gegangen, als die Zeit 'ran war.
Ein wenig anders ist es bei ihr aber doch. Sie wird Haushälterin, man kann auch Wirtschafterin sagen. Das Wort ist verlokkend und erschreckend zugleich. Es klingt nach Verantwortung und Ehre, aber auch nach Gefahr. Man muß sich nur ausmalen, daß man etwas falsch macht auf so einem Posten, dann ist es vorbei, und man fliegt 'raus.
Der ungebärdige Zopf, endlich zum Knoten geformt, entgleitet Evas Händen und rollt sich auf. Sie flicht ihn neu und sammelt die heruntergefallenen Haarnadeln auf. Die Nadeln hatte sie in der Schublade bei Mutters Sachen gefunden, zum Glück waren sie nicht weggeworfen worden. Durch die Linde vor dem Fenster tastet sich die Vormittagssonne und umflimmert den Rosenstrauß auf der Kommode. Die Brüder haben ihn ihr zum sechzehnten Geburtstag gebracht. Bestimmt hat ihn Jörg im Pfarrgarten geklaut, darauf möchte sie wetten, doch bei einem Geschenk fragt man nicht, woher es ist. –
Jörg, mit seinen zwölf Jahren, verfällt ständig auf neue Verrücktheiten, die Witwe Paschke wird ihr blaues Wunder mit

ihm erleben. Gefallen läßt er sich auch nicht mehr viel, so einer wie er kommt durch. Nur um den Kleinen macht sie sich Sorgen. Wölfi hat ein scheues Wesen, und er weint leicht. Damals, als der Krieg nach Ostpreußen kam und sie auf den Treck gehen mußten, war er zwei Monate alt. Er lag im Kinderwagen, den Eva schob, und Mutter zerrte den Handwagen hinter sich her. Eva erinnert sich an vieles nicht mehr, nur daran, daß es entsetzlich kalt war und sie alle Angst hatten, Wölfi könnte unterwegs erfrieren. Er ist gesund geblieben, auf wunderbare Weise, doch eines Tages, das war schon im Mecklenburgischen, sie waren die ganze Nacht durch die Kälte gelaufen, weil sie vor dem Rollen und Donnern der Front ausrissen, fiel Mutter auf der Straße um. Sie hatte es schon immer mit der Lunge gehabt, und nun fiel sie um und stand nicht mehr auf.

Mutter ist bei fremden Leuten gestorben, fremde Leute haben sie begraben. Doch ehe sie die Sprache verlor und nur noch röchelte, hat sie Eva aufgetragen: Bleib bei den Kindern, versprich mir das. Auch wenn der Vater nicht gefallen ist und euch findet, verlaß die Kinder nicht.

Eva meint, daß sie es versprochen hätte, genau weiß sie es nicht mehr. Sie steht auf, hängt den Spiegel an die Wand und wischt über die Kommode. Staub wirbelt in der Sonne; immer liegt hier Staub. Dort in der Stadt wird es sauberer sein, schöner. Sie zieht die Bluse zurecht, streicht den Rock glatt. Neu ist er, glockig mit schrägen Karos, sieht gut aus.

Der Vater kommt herein. „Hast du dich endlich ausgetrödelt? Mach ein bißchen, wir wollen doch pünktlich sein." Er hat schon die Windjacke an und greift nach ihrer Tasche. Eva nimmt den Mantel, der ihr zu eng über der Brust ist, sie rollt ihn zusammen. „Jetzt lass' ich die Jungen doch allein", sagt sie. „Und Mutter wollte es nicht." Nun wird er ärgerlich. „Zerbrich dir bloß nicht den Kopf. Sie kriegen eine neue Mutter, eine richtige. Es wird höchste Zeit, daß sich jemand um sie kümmert."

Das war ungerecht. Sie ist gekränkt, schweigt aber. Der Vater geht voran, sie bleibt zurück, sieht sich noch mal um. Abschied nehmen. Um die hohe, kahle Stube mit dem Mischmasch von alten Möbeln tut es ihr nicht leid. Und von den Brüdern sieht sie nur die in die Ofenecke geschleuderten Schultaschen. Jörg und Wölfi sind am frühen Morgen losgezogen, mit der Nachbarsfamilie in den Wald nach Pilzen.

Draußen wird sie fröhlicher. Es ist ein heller, windiger Tag, nicht zu warm. Und das blanke Fahrrad, das ihr die Witwe Paschke für diese Fahrt geborgt hat, summt lustig. Vaters Rad ist schwarz und klapprig; sie denkt, daß er sich ein neues kaufen sollte. Vielleicht kann sie ihm Geld dazugeben, wo sie doch bald verdienen wird.

Am Dorfausgang werden sie von einem Traktor überholt. Eine Horde junger Burschen in Blauhemden sitzt auf dem Hänger. Sie winken und pfeifen im Vorüberfahren. Nur einer macht nicht mit; er hält die Arme vor der Brust verschränkt und tut, als sehe und höre er nichts. Hanne Migalla, er ist Schlosser auf der MTS und hat Eva gut leiden gemocht. Das ist nun vorbei, er ist böse mit ihr, weil sie in die Stadt geht, und er hat häßliche Sachen zu ihr gesagt. Zum Beispiel, daß sie zu träge sei, sich eine ordentliche Arbeit zu suchen, und daß der Vater sie verschachere wie eine Gans.

Sie haben sich im Streit getrennt, und danach war Eva schwer ums Herz. Ein beklemmendes Gefühl engt ihr auch jetzt den Atem ein. Und ihr ist zumute, als hätte sie etwas verloren, unwiederbringlich, was besser war als manches in ihrem kurzen Leben.

Die Jungen winken lange. „Dämliches Volk“, schimpft der Vater, als sich der Traktor mit seiner Last entfernt hat. „Nichts weiter im Sinn als Unterröcke.“

Da sitzt ihr schon wieder das Lachen in der Kehle. Na und du, möchte sie fragen, warum rennst du zu deiner Paschken? Männer sind eben so. Schade, daß er in dieser Hinsicht keinen Spaß versteht. An allem, was die Witwe betrifft, darf nicht gekratzt werden.

Gegen Mittag sind sie in der Stadt. Der Markt döst in der Sonntagsstille, das Schloß und die alten Häuser scheinen zu schlafen. Doch für Eva ist das Städtchen neu und erregend, sogar die quietschende Straßenbahn, die sich durch die winkligen Gassen schlängelt. Vor einer Gaststätte steigt der Vater vom Rad. „Zur Fischerklause" steht über der Tür und HO. Sie staunt, denn wo die Buchstaben HO dranstehen, ist es teuer, da geht man besser nicht hinein. „Wir wollen was essen", sagt der Vater wie entschuldigend. „Mit leerem Magen tritt man nicht in ein fremdes Haus."

Er bestellt zweimal Bratwurst mit Kartoffelbrei und Sauerkraut, zwei kleine Helle und für sich einen doppelten Korn. Hastig kippt er ihn hinunter und schüttelt sich. Das ist seltsam. Er trinkt sonst keinen Schnaps, höchstens wenn er sich mal krank fühlt. Auf einmal wird es Eva bange. Die Sonne ist weg, in der Gaststube herrscht Dämmerlicht, und es riecht säuerlich nach abgestandenem Bier und kaltem Tabaksdunst. Sie denkt voller Unsicherheit an den Mann, dessen Haushälterin sie werden soll. Er heißt Bertram und versteht sich auf das Elektrische, ein Brigadier ist er. Früher war er verheiratet, jetzt lebt er allein.

Der Kartoffelbrei quillt ihr im Mund. Sie schluckt und fragt: „Warum ist er geschieden, der Herr Bertram? Hat er seine Frau geprügelt?" So ist es nämlich beim Förster Zimbal in Kleskow gewesen. Der ist ein Säufer, und immer wenn er voll war, hat er auf die Frau eingedroschen. So lange, bis sie ihm weglief.

„Quatsch. Wer hat dir solchen Mist erzählt?" Der Vater lacht scheppernd. „Die Geschiedene war fünfzehn Jahre älter als er, da haben sie sich halt nicht mehr verstanden."

Nicht verstanden, ach so, auch das kommt vor. Er ist ein ansehnlicher Mann, jedenfalls von weitem, aus der Nähe hat sie ihn nie richtig gesehen. Groß, mit einem breiten Kreuz. Und die Stimme – wie eine Trompete. Wenn er seine Leute rief, stoben die Hühner auseinander.

Im Frühjahr hatten sie die MTS im Dorf ausgebaut. Nach den Maurern und Dachdeckern erschien eine Firma aus der Stadt, die das Licht legte. Drei Mann, der Chef war Bertram. Und Vater ist Treckerfahrer auf der MTS, so haben sie sich kennengelernt. Wer weiß, wie die Sprache auf Eva gekommen ist.

Vielleicht klagte der Herr Bertram sein Leid, daß ihm eine Wirtschafterin fehle, und der Vater sagte, er hätte eine bei der Hand für ihn. Es kann auch anders gewesen sein.
Er hat sich nicht mehr mit der Frau verstanden. Sich verstehen heißt, daß man nachts im Bett beieinander liegt. Die Frau, wenn sie so alt ist, wird nicht mehr gewollt haben, wer weiß.
Eva schiebt den Teller zur Seite, der Kohl ist ihr zu sauer. „Was meinst du, ob ich Herrn Bertram gefalle?"
Der Vater sieht sie an, als wäre sie ein Mondkalb. „Du bist wahrhaftig strohdumm", sagt er. „Der Mann ist viel unterwegs, auf Montage, er kann sich nicht um seinen Kram kümmern. Wenn er heimkommt, will er seine Ordnung haben und was Warmes auf dem Tisch. Das ist alles. Bild dir bloß keine Schwachheiten ein."
In Zissendorf sehen alle Straßen ähnlich aus; sie verfahren sich und kommen zu spät. Bertram öffnet ihnen die Tür. Er sieht verärgert aus, doch dann freut er sich, schlägt dem Vater, der ihm nur bis zum Kinn reicht, auf die Schulter und lacht. Ihr gibt er die Hand.
„Also, du bist die Eva. Oder soll ich Fräulein Schmitt zu dir sagen?" – Das hatte sie eigentlich erwartet und sich in Gedanken schon daran gewöhnt. Die Klopse, Fräulein Schmitt, sind Ihnen heute ganz vorzüglich geraten. Oder: Wenn Sie mal tanzen gehen wollen, Fräulein Schmitt, am Sonntagnachmittag haben Sie natürlich frei. Sogar die Frau im Dorfkonsum hat Sie zu ihr gesagt, seit sie aus der Schule 'raus ist. Doch jetzt bringt sie kein Wort heraus.
Zuerst zeigt er ihr das Zimmer, in dem sie von nun an schlafen wird. Und da ist sie überwältigt. Es hat eine schräge Wand, und die Liege ist eine Kastenmatratze, die auf Klötze gestellt wurde, das erkennt sie gleich, aber allein die Couchdecke aus gelbem Plüsch und die vielen Kissen. Ein kleiner Tisch mit zwei Sesselchen, ein doppeltüriger Schrank und vor dem Fenster eine bunte Gardine, nirgendwo könnte es hübscher sein. Auch der Vater strahlt: „Mädel, Mädel . . ."
„Was wollen wir machen", sagt Herr Bertram, „sie ist doch kein Dienstbote, den man in eine Kammer steckt. Die Zeiten

sind auch vorbei." Er nimmt Evas Hand und zieht sie in das schöne Zimmer hinein. „Schau dich um und räum schon deine Sachen ein. Ruh dich ein bißchen aus. Wir gehen inzwischen nach nebenan."

Sie fängt an, die Tasche auszupacken. Ihre Wäsche geht in ein einziges Fach, in ein paar Minuten ist sie fertig. Der Schrank hat innen einen Spiegel, sie kann sich darin vom Kopf bis zu den Füßen betrachten. Und sie ist zufrieden mit sich. Vorsichtig setzt sie sich auf die Liege, zieht die Beine nach und streckt sich aus. Fabelhaft weich und warm. Sie dehnt die Arme und genießt den Augenblick.

Nebenan ist die Küche. Durch die spaltbreit geöffnete Tür hört sie Bertram und den Vater. „Vorige Woche ist sie sechzehn geworden", sagt der Vater, „du kannst ja in ihrem Ausweis nachgucken." Seine Stimme, die immer ein wenig knarrt, klingt anders, als wenn er mit ihr spricht, irgendwie unterwürfig. „Das Kochen klappt ganz ordentlich", sagt er gerade. „Bloß erste Klasse darfst du nicht erwarten. Ich merke es jetzt, weil ich manchmal bei Frau Paschke esse. Das ist alles in allem eine ganz andere Haushaltsführung." Er erklärt noch etwas, aber Eva hört nur Bruchstücke. „... soweit ganz anstellig, macht, was man ihr aufträgt ... keine Wunder erwarten ... schon in der Schule schwach im Rechnen ... So ein junges Ding kann eben noch nicht wirtschaften, aber ..."

Du lieber Himmel, was faselt er da zusammen. Eva setzt sich steil auf, Empörung steigt in ihr hoch. Nicht rechnen, nicht wirtschaften ... War sie es nicht, die dafür sorgte, in den schlimmen Jahren, daß Brot und Kartoffeln ins Haus kamen? Hat die Scham unterdrückt und gebettelt bei den Bauern, hat sich bemitleiden und ausfragen lassen, warum der Vater sie und die Jungen aus dem Kinderheim geholt hat, wenn er die Familie nicht ernähren kann. Und wer hat Beeren gesammelt und Pilze, körbeweise, und Butter und Eier dafür eingetauscht? Immer hat sie seine Zigaretten eingeteilt, sonst hätte er den ganzen Vorrat an einem einzigen Tag aufgequalmt. Da war nie die Rede gewesen von nicht rechnen, nicht wirtschaften.

Vaters Stimme knarrt weiter, aber in ihren Ohren saust es, sie versteht nun gar nichts mehr. Sieh zu, daß du fortkommst, denkt sie, geh nur, geh, lobe die Paschken, erzähle ihr deine Geschichten, aber hier halte den Mund. Sie möchte die Tür aufreißen und ihre Wut herausschreien, doch da ist wieder die unbestimmte Furcht vor dem fremden Mann, sie traut sich nicht. Aber zuhören mag sie auch nicht mehr.
Sie geht zum Fenster, öffnet beide Flügel, lehnt sich hinaus. Hinter dem Haus dehnt sich ein Garten. Die eine Hälfte ist bestellt, die andere verwahrlost. Melde, Brennesseln und Franzosenkraut auf den Beeten und zwischen den Beerensträuchern. Der verwilderte Teil wird ihm gehören, dem Bertram, er hat keine Gedanken für Tomaten und Möhren, für Stangenbohnen, Kohlrabi und Petersilie. Aber sie versteht sich darauf, Gott sei Dank, das kann ihr keiner abstreiten, sie wird die Wildnis in Ordnung bringen. Ein schöner Garten, mit dem sich was anfangen läßt. Sie teilt die Fläche ein und überlegt, wo ein paar Rhabarberstauden Platz hätten, natürlich auch eine Rabatte mit Blumen, und beruhigt sich dabei.
Auf die Dauer wird ihr der Garten langweilig. Sie kehrt ins Zimmer zurück und setzt sich zur Abwechslung in einen Sessel. Nebenan reden sie immer noch, und sie sind lauter geworden. Jetzt ist es Bertram, den sie hört. „... wünsche ich nicht, daß alle naselang einer von euch hier rumsitzt. Dazu habe ich mich zu mühsam hocharbeiten müssen, als daß ich deine ganze Familie ... Na, du begreifst schon, Paul. Eva hat bei mir ihr Zuhause, aber ohne Anhang, bitte."
„Man wird doch bei Gelegenheit vorbeikommen dürfen", wendet der Vater ein. Er scheint verärgert, aber sein Widerspruch klingt flau. Keinen Mumm hat er, nichts ist heute mit ihm los. Doch ein wenig rafft er sich noch auf: „Ich habe schließlich die Verantwortung. Deshalb möchte ich auch wissen, wie du zu deiner Verflossenen stehst."
„Wir sind bei der Scheidung im besten Einvernehmen auseinandergegangen", antwortet Bertram. „Das Haus gehört ihr, sie hat die Wohnung im Erdgeschoß, ich lebe zur Miete hier oben. Ich weiß, was du denkst, aber deine Tochter hat von

Marie-Luise nicht das geringste zu befürchten." Er lacht auf, ein bißchen gereizt. „Sonst noch Fragen? Oder Ansprüche?"
„Nein, nein", erwidert der Vater hastig und erschrocken. „Ich bin ja zufrieden, daß die Eva gut untergebracht ist." Und noch einmal Bertram: „Nach allem, was du mir erklärt hast, werde ich ihr vorläufig keinen Lohn zahlen. Sie kann ja auch nichts vorweisen. Eingekleidet wird sie von mir, von oben bis unten. Und das kostet wahrscheinlich mehr."
Kein Geld, denkt Eva, kein Fräulein Schmitt und kein Geld. Ein Traumgebäude bricht in ihr zusammen, sie will es nur noch nicht glauben. Auflehnen möchte sie sich, wenn es möglich wäre. Es geht nicht, sie hat ja wirklich nichts vorzuweisen. Bis auf ihr Abgangszeugnis, und das zeigt sie lieber nicht herum. Und so, wie der Vater sie dargestellt hat, muß sie froh sein, daß der Herr Bertram sie behält. Wo sollte sie, um alles in der Welt, sonst hin? In Kleskow sitzt die Witwe Paschke, und die will Eva nicht haben.
Die beiden in der Küche haben Schnaps getrunken. Auf dem Tisch steht eine Wodkaflasche, halb leer, und der Vater ist nicht mehr fest auf den Beinen. Er drückt Eva an die Brust und hat nasse Augen. Sie macht sich steif. Zu häßlich hat er von ihr gesprochen, sie glaubt ihm den Abschiedsschmerz nicht. Für die Heimfahrt nimmt er das gute Damenrad, seinen schwarzen Klapperkasten will er irgendwann abholen. Eva sieht vom Fenster aus zu, wie er tolpatschig in den Sattel steigt und fast umkippt. Sie ist auch jetzt nicht gerührt und empfindet kein Bedauern.
Bertram hat ihn nicht zum Abendbrot eingeladen, und das geschieht ihm recht. Er zeigt Eva die Speisekammer und wo das Geschirr steht, erklärt ihr geduldig, wie sie mit dem Gasherd und dem Boiler umzugehen hat. Sie gibt sich Mühe, rasch zu begreifen. Er ist freundlich, und ihre Schüchternheit verfliegt. Es wird schon werden.
Später, unter der Steppdecke, auf der breiten Liege, fallen ihr die Augen zu. Der Tag war lang und aufregend. Im Halbschlaf merkt sie, daß draußen die Flurtür geht. Schritte dringen an ihr Ohr und eine keifige Frauenstimme, die sagt: „Hast du

endlich eine Schlampe gefunden, Willi Bertram? Da darf man dir ja gratulieren." So etwas glaubt Eva gehört zu haben, aber vielleicht hat sie auch nur geträumt.

Einsamkeit

Heute ist Post ausgeteilt worden. Die Blonde hat einen Brief bekommen und die Schwarze ein Päckchen. Für die Alte und für mich war wieder nichts dabei. Willi schickt keinen Brief, und er wird auch nicht aus freien Stücken herkommen. Er und die großen Kinder dürfen mich besuchen, aber immer nur eine Person. Gleich in der ersten Woche habe ich drum gebeten, daß sie die Erlaubnis erhalten. Dagegen bestehen keine Einwände, hat man mir gesagt, es würde nur eine Weile dauern. Na gut, das sehe ich ein. Aber wenigstens ein paar Zeilen müßte ich von daheim haben. Nichts. Vier Wochen ohne ein Lebenszeichen. Sie wollen nicht. Sie warten, daß ich mich melde.
Als ich heute wieder leer ausging, hab' ich mich durchgerungen und die Aufseherin um Schreibpapier gebeten. Ich muß den Anfang machen, das wußte ich plötzlich. Nicht sie sind von mir fortgegangen, ich habe sie verlassen.
Schreiben Sie, Strafgefangene, hat die Aufseherin gesagt, es wird Sie erleichtern. Sie spricht nur das Nötigste mit mir, trotzdem weiß sie, wie es in mir aussieht. Beate Frohwein heißt sie, und ich mag sie, auch wenn sie kurz angebunden und unnahbar ist. So eine muß streng sein, sonst machen die hier mit ihr, was sie wollen. Nicht alle, aber solche wie die Schwarze. Das ist eine Hyäne, jung und hübsch, aber eine Hyäne.
Sie hat der Alten den Teller umgekippt und den sauberen Kittel verdorben. Danach hat sie gesagt, es wäre aus Versehen geschehen, doch dabei gelacht. Die Schwarze kann nicht leiden, daß die Alte so gierig ißt. Es sieht auch nicht schön aus, wenn sie mit der Nase fast im Teller hängt, man könnte sich ekeln, aber mein Gott...
Wenn wir Wäsche sortieren, macht sich die Schwarze einen

Spaß daraus, die Stücke zu vertauschen. Manchmal versuche ich, wieder Ordnung reinzukriegen, dann wird sie wütend. Immer ist sie geladen und böse, sogar in der Nacht. Auch neulich, als ich den schlimmen Traum hatte, ein Alp muß mir auf der Brust gesessen haben. Ich träumte, Willi hatte sich von mir losgesagt, und ich durfte nicht mehr ins Haus. Er stand in der Tür, streckte die Hände gegen mich aus und wehrte mich ab. Und drinnen weinte jemand, ein Kinderweinen. Auf einmal brannte das Haus, lichterloh schlugen die Flammen aus dem Dach. Aber Willi stand eisern, und ich konnte mich nicht rühren, wie festgewachsen war ich. Ich muß im Traum geschrien haben. Aufgewacht bin ich davon, daß mich die Schwarze an den Haaren riß. Brüll nicht 'rum, blöde Kuh, fauchte sie, ich werd' dir helfen, du scheinheiliges Luder, hier 'ne Schau abzuziehen ... Die Blonde ist dazwischengegangen. Laß Eva in Ruhe, hat sie gesagt, sofort. Das war das erste Mal, daß ich sie richtig laut sprechen hörte. Die Schwarze hat pariert und ist auf ihre Pritsche gekrochen.
Die Blonde redet mit keinem. Arbeiten, essen, ihre Sachen in Ordnung halten, alles tut sie schweigend. In der Freizeit sitzt sie in einer Ecke und liest, liest oder guckt die Wände an. Die Alte spricht auch mit niemandem, sie murmelt vor sich hin. Ihre Augen sind stumpf, beschlagene Fenster; ich weiß nicht, was sie sieht. Auch ihr Brabbeln versteht man nicht. Sie ist am längsten in der Strafanstalt, das dritte Jahr schon. Die Schwarze hat erzählt, die Alte hätte einen Mord begangen. Das glaube ich nicht. Dazu ist sie viel zu schwach, klapperdürr, nur Haut und Knochen, und ihre Hände zittern. Die Schwarze spinnt, hier sind überhaupt keine Mörder.
Dic Alte liegt auf dem Bett und schwatzt vor sich hin. Eigentlich ist es verboten, sich vor der Nachtruhe lang zu legen, aber bei ihr nehmen sie es nicht so genau. Vielleicht, weil sie nicht mehr ganz da ist, irgendwie schon abgetreten von der Bühne. Sie ist mir unheimlich, sie und ihr Gemurmel. Kannst du nicht ein bißchen still sein, sage ich, wenigstens für zehn Minuten. Sie hört mich nicht.
Ich hatte mir vieles anders vorgestellt. Das Gefängnis sollte

eine schwarze Gruft sein. Aber es ist ein helles Haus, selbst die Gitter vor den Fenstern flößen mir keinen Schrecken ein. Nur daß man nicht frei ist, eingesperrt und abgeschnitten von der Welt da draußen. Man darf nicht gehen, wohin man will, und wenn es auch nur die Straße herauf und herunter wäre. Wie einem das fehlt, merkt man erst, wenn man es nicht mehr tun kann. Frei sein, was ist das überhaupt? Luft, Sonne, Wasser, Wind, das etwa? In den ersten Jahren mit Willi sind wir im Sommer hin und wieder an den See gefahren. Willi kann nicht schwimmen, und er schimpfte, wenn ich zu lange draußen blieb. Aber schön war's, dort hab' ich mich wirklich frei gefühlt. Ich brauch' nur durch die Fenstergitter zu sehen, gleich denke ich an den weißen Strand, die Glitzerwellen und die schnellen Segelboote.

Solche Gedanken habe ich manchmal. Nicht, daß sie sehr weh täten, was nicht sein kann, ist nicht, damit finde ich mich ab. Auch mit der Anstaltskleidung und dem Dunst in der Wäscherei. Schrecklich ist nicht das Gefängnis, schrecklich sind die Menschen, mit denen ich zusammen sein muß, Tag für Tag, Stunde für Stunde. Zu jeder Zeit sind sie um mich, ich aber bin mutterseelenallein. Das ist die Strafe.

Und daß ich mir unrein vorkomme. Die Frauen aus dem anderen Wäschereitrakt, die ehrlichen und anständigen, stecken die Köpfe zusammen, wenn sie an unserer Mauer vorbeikommen. Sie sind sehr weit entfernt von uns, aber ich spüre, daß sie tuscheln und sich fragen, was die da hinter den vergitterten Fenstern wohl auf dem Kerbholz haben. Dann fühl' ich mich unsauber. Auch abends vor dem Schlafengehen. Da bekommt die Schwarze ihre verrückte Stunde und erzählt schweinische Witze, verlangt, daß wir lachen. Schmierigkeit ist widerlich. Aber das Haus ist sauber, blitzt vor Reinlichkeit, und wir dürfen jeden Tag duschen. An Wasser und Seife liegt es nicht. Ich kann mir die Haut runterscheuern, ich bleibe schmutzig. Auch das ist die Strafe.

Ob ich Willi davon schreibe? Nein, lieber nicht. Er würde denken, ich beklage mich, und ich will nicht jammern. Meine Schuld, ich hab's nicht anders verdient. Er ist nicht viel weniger übel dran als ich, auch meine Schuld. Den ganzen Haushalt hat er allein auf dem Hals, denn Evelyn, da rede ich mir gar nichts ein, wird sich nicht kümmern. Ich hab' sie zu sehr verwöhnt, den Peter auch. – Sorgen mach' ich mir sehr, aber auch die sollte ich nicht erwähnen. Ich höre Willi sagen, und mit gutem Recht dürfte er es sagen, zu spät fällt dir das ein. Nein, nichts von mir, was ihn noch mehr gegen mich aufbringen könnte. Nur eins muß ich tun: ihn bitten, mir zu vergeben, bitten, daß er mich nicht verläßt und auch auf mich wartet. Sonst weiß ich nicht, was mit mir geschieht. Ich kann nicht ohne Hoffnung sein, kein Mensch kann das, er geht zugrunde. Man sieht es doch an der Alten. Sie hat es verlernt zu hoffen. Noch geht sie umher, ißt und trinkt und murmelt, aber sie lebt nicht mehr.

Mein lieber Willi ... Die Anrede steht auf dem Papier. Mein Lieber, wie oft sagt und schreibt man das so hin, und meistens hat es gar keinen richtigen Sinn. – Liebe ich meinen Mann? Seltsam, das weiß ich nicht. Ich bewundere seine Tüchtigkeit, alles erreicht er, worauf es ihm ankommt, ich bin an ihn gewöhnt, vielleicht hänge ich deswegen an ihm, aus Gewohnheit ... aber Liebe?

Die richtige große Liebe ist mir nicht begegnet. Ich hatte keine Zeit dafür, zu schnell mußte ich von Kleskow fort. Hanne Migalla, der Schlosser von der MTS ... Ich glaube, mit uns beiden wäre es etwas geworden. Ein verrückter Kerl war das, was der für Ideen hatte. Die Sahara wollte er bewässern. Die Sahara ist noch trocken, aber Hanne Migalla baut jetzt Wasserkraftwerke. Alles lief bei ihm aufs Große hinaus. Und ich sollte mit ihm gehen oder vorwärts stürmen, denn langsam laufen konnte der nicht. Aber umarmt und geküßt hat er mich ganz behutsam, als ob ich aus Glas wäre und zerbrechen könnte. Und mehr als ein paar Küsse sind auch nicht gewesen.

Mit Willi war das anders. Es wird in der zweiten oder dritten Nacht gewesen sein, als er zu mir kam. Ganz selbstverständlich tat er das, und er hat mir vorher doch kein Wörtchen gesagt, daß er mich gern mag. Er legte sich zu mir ins Bett, groß und schwer, und seine Hände waren heiß. Gefürchtet hab' ich mich, und es tat weh. Ich habe ein bißchen geschrien und ein bißchen geschluchzt. Darauf hat er mich getröstet, daß der Schmerz bald verginge und ich noch mal Spaß dran finden würde. Ein schönes Kleid wollte er mir kaufen und Schuhe mit hohen Absätzen, die kamen gerade in Mode. Das hat er dann auch gemacht, versprochen ist versprochen, so hält er's ja bis heute.

Und ich? Ich habe nichts vermißt, nein, ich war glücklich, stolz auf mein Fähnchen und die Schuhe. Auch daß ein Mann wie er mir Geschenke machte und sich mit mir zeigte. Warum fehlte mir nichts damals? Schämen hätt' ich mich müssen. Denn er hatte ja nicht mich gewollt, die Eva Schmitt, einen Menschen mit Gefühlen und Wünschen, er hat nur ein Mädchen für die Nacht gesucht. So eine, die mit einem Kleid zufrieden ist. Eine Schlampe, wie Marie-Luise, der Giftzahn, sagte. Marie-Luise hatte recht.

Gott, oh Gott ... was kommt mir bloß in den Kopf. Mit solchen Gedanken werde ich alles kaputtmachen, auch das Letzte. Aber das liegt am Gefängnis, daß man so allein ist, sich selbst und seiner Qual überlassen. Ich darf nie mehr so denken. Es ist häßlich, gemein ist es. Und falsch. Willi hat mich geliebt, auf seine Art, er hat mich beschützt und immer geachtet, sonst hätte er mich später nicht geheiratet. Evelyn war schon ein großes Mädchen, Peter fing an zu krabbeln, und ich war immer noch ein Fräulein, eine uneheliche Mutter. Mir machte es nicht viel aus, ich hatte mich abgefunden, aber Willi wollte, daß ich als anständige Frau gelte. In die Kirche sind wir natürlich nicht gegangen, Willi war auch nicht dafür.

Wenn ich mir so überlege, eigentlich haben wir ganz modern geheiratet, viele junge Leute tun es jetzt ebenso. Großer Polterabend, und nach dem Standesamt nur wir beide. Ein richtiges Fest, trotzdem denke ich nicht gern daran. Irgend etwas hat meine Freude zerstört, ich sehe alles dunkel, wenn ich zurückschaue. Kein Licht, nichts als Schatten.

Zweites Erinnern: Hochzeit

Die Tafel ist im Vereinszimmer vom „Blauen Hirsch“ gedeckt. Willi bestimmte es so, er wollte nicht, daß Eva sich die Finger schmutzig macht an solch einem Tag. Ein Menü wurde bestellt mit fünf Gängen, obwohl es sich nur um einen Polterabend handelt und mehr ein Männerabend werden wird, denn außer Willis Kollegen ist nur noch Marie-Luise, die Geschiedene, eingeladen. Eva trägt ein Kleid aus silbrigem Brokat, das erste lange Kleid in ihrem Leben. Und einen breiten Goldreif, der heute noch Verlobungsring ist, an der linken Hand.

Sie sind vor der Zeit im „Hirsch“, weil Willi dem Wirt nicht traute. Immer und überall glaubt er betrogen zu werden. Er kostet den Wein und den Schnaps und prüft, ob der Sekt in den Kühlern steht. Eva fühlt sich unsicher in dem kostbaren Kleid, sie wagt nicht, sich zu setzen, und sie fürchtet sich ein bißchen vor den Gästen, von denen sie nicht einen kennt. Der Mann hat sie ja nie mitgenommen zu Betriebsvergnügen und Brigadefeiern, und zu ihnen in die Wohnung kommt kaum einer. Nur Marie-Luise, die ist täglich da, sieht Eva auf die Finger, mäkelt an ihr herum.

Plötzlich sind die Gäste da; im Pulk drängen sie zur Tür herein, vorneweg ein vertrockneter Alter mit einem Kopf, der einem schrumpeligen Apfel ähnelt. Sie bauen sich im Halbkreis auf und machen feierliche Gesichter, doch in ihren Augen glitzert die Neugier. Einer von ihnen, ein junger Kerl noch, schleppt einen verschnürten Ballen. Er starrt Eva geradezu unverschämt an, läßt das Paket fallen und platzt heraus: „Donnerwetter, das haut mich um.“

Der mit dem Apfelkopf ist der Chef. Er tritt vor und hält eine Ansprache. Eva ist zu erregt, um alles aufzunehmen, und von ihr wird auch kaum was gesagt. Die Rede ist von Willis Entwicklung und zwei lobenswerten Taten. Als erste nennt der Chef den Entschluß des Kollegen Bertram, sich nunmehr durch Heirat auch amtlich zu seiner Familie zu bekennen, als zweite die Bereitschaft, endlich die Meisterprüfung ins Auge zu fassen. Und das alles hat mit sozialistisch leben und arbei-

ten zu tun. Bei dem letzten hält sich der Apfelkopf am längsten auf; die Sätze werden immer komplizierter und unverständlicher. Und bis zum endgültigen Schlußpunkt spürt Eva die Blicke des jungen Mannes, spürt, wie er sie anstarrt, und muß, sie weiß wahrhaftig nicht, warum, an Hanne Migalla denken, der doch ganz anders ausgesehen hat.
Glückwünsche über Glückwünsche und Blumen. Das Paket wird geöffnet, zwei Steppdecken quellen heraus, das Geschenk der Brigade. Der Apfelkopf geht noch einmal hinaus und kommt mit einem kleineren Päckchen wieder. Anläßlich der Vermählung erlaubt sich die Betriebsleitung, eine Wohnzimmeruhr zu überreichen. Sie tickt auf einem Porzellansockel, unter einer Glasglocke, und wenn sie schlägt, ertönt ein silbernes Glöckchen. Wie ein Wunder ist das, weil Eva sich nichts dringender gewünscht hat als so eine Uhr.
Nach dem zweiten Glas Wein verfliegt der Rest ihrer Unsicherheit. Es ist wohltuend, nur so dazusitzen, sich bedienen zu lassen und zu merken, daß sie den Männern gefällt. Freundlichkeit und Bewunderung hüllen sie ein und tragen sie wie auf Flügeln. Ein ganz neues, nie gekanntes Gefühl ist das. Es vergeht nicht mal, als Marie-Luise erscheint, säuerlich lächelnd, die Haare frisch gefärbt, und ihre Gabe auswickelt, sechs Küchenhandtücher. Dazu die Bemerkung, daß Wäsche immer gebraucht würde, überhaupt wenn eine Frau so gar nichts in die Ehe mitbringe. In Willi kocht der Ärger darüber, er beißt sich auf die Lippen, um nicht zu explodieren, aber Eva kann darüber nur lachen. Sie ist jung, sie braucht keine Farbe auf den Kopf, um nicht wie eine Mumie auszusehen, und ab morgen heißt sie nicht mehr die Schmitten, ab morgen heißt sie auch Frau Bertram.
Später wird die Gesellschaft lauter und lustiger. Irgendeiner holt das Radio aus dem Schankraum herein, die Kollegen zwingen Willi, eine Ehrenrunde mit Eva zu drehen, damit sie anschließend selbst mit ihr tanzen dürfen. Die richtigen Schritte hat sie zwar nicht gelernt, denn es war Krieg und Notzeit und ein endloses Gerenne um Brot und Kartoffeln, und der Vater hätte sie sowieso auf keinen Tanzboden gelassen,

doch Schwierigkeiten hat sie deswegen jetzt nicht. Das macht die unbekannte, jedes Ungeschick ausschließende Leichtigkeit.

Willi gönnt ihr und den Kollegen den Spaß. Er sitzt neben dem Chef, sie führen ernsthafte Gespräche. Stattlich sieht er aus, aber nun fällt auch auf, daß er nicht mehr der Jüngste ist. Die ersten grauen Fäden im Haar und Falten um Augen und Mund. Später, müde vom Tanzen, macht Eva eine Verschnaufpause. Sie setzt sich zu Willi, der von ihrer Anwesenheit nur flüchtig Notiz nimmt, so sehr ist er im Gespräch vertieft. „Eva hat leider zuwenig Bildung, um den Kindern etwas geben zu können", erklärt er und tätschelt ihren Arm. „Die Große geht jetzt in die erste Klasse, da ist die Zeit 'ran, wo ich ihre Entwicklung überwachen und lenken muß. Zum Beispiel im Elternaktiv. Das ist der eigentliche Grund, weswegen wir aufs Standesamt gehen. Meine Verantwortung, du verstehst."

Davon ist daheim niemals gesprochen worden, um so schmerzlicher der Stich, den Eva im Augenblick empfindet. Wegen der Verantwortung heiraten wir und weil ich ungebildet bin, so ist das also. Und wenn, warum sagt er das hier, einem fremden Menschen? Denkt er das ernstlich, oder will er sich vor dem Chef brüsten, wie klug er ist – er, der Allerklügste! Ob der Chef zustimmt? Gewiß wird er das, er kann ja gar nicht anders, wirkt sonst unhöflich. Eva möchte aufstehen und hinauslaufen, so sehr schämt sie sich. Scheu sieht sie den Apfelkopf an. Der schweigt vorerst, trinkt seinen Wein, langsam und mit Genuß. Und sagt schließlich, nicht mehr ganz nüchtern, überhaupt nicht mehr förmlich: „Du hast eine wunderschöne Frau, alter Schwede. Paß bloß gut auf sie auf."

Du hast eine wunderschöne Frau ... Daran erinnert sich Eva spät in der Nacht. Ihr Kleid hängt auf dem Balkon zum Lüften, und sie steht unter der Dusche, spült mit eiskaltem Wasser den Geruch von Zigaretten und Wein von der Haut. Du hast eine wunderschöne Frau – seltsam, mit ein paar Worten hat er die Kränkung weggewischt, die ihr zugefügt wurde. Der vertrocknete Alte ist ein guter Mensch, einer, der nicht mit-

spielt, wenn häßlich von anderen gesprochen wird. Ob Willi den Tadel begriffen hat? Wahrscheinlich nicht, dazu ist er viel zu stark von sich überzeugt.
Sie bekommt Gänsehaut und dreht das Wasser ab, nimmt das Badetuch und rubbelt sich trocken. Noch einmal fällt ihr die festliche Tafel ein, die am Ende einem Schlachtfeld glich. Und wieviel ist übriggeblieben von den Getränken und vom Essen. Es hätten gut und gern einige Gäste mehr dabeisein dürfen. Wenigsten einer, Vater. Oder die Brüder, jemand, der zu ihr gehörte.
Als das Aufgebot bestellt war, hatte Eva ganz selbstverständlich angenommen, daß auch ihre Leute eingeladen würden. Doch kaum fing sie davon an, wurde Willi zornig. Eine Familienfete, das käme absolut nicht in Frage. Sie widersprach, bot sich doch jetzt eine herrliche Gelegenheit für ein Wiedersehen, nachdem man so lange nichts voneinander gehört hatte. „Schlag dir den Unsinn aus dem Kopf“, fuhr er sie an. „Das hätte noch gefehlt, daß die Kleskower Heuschrecken hier einfallen und sich auf meine Kosten mästen.“
„Als ob es auf ein Gedeck mehr ankäme“, wandte sie ein. „Und warum redest du so von ihnen? Was haben sie dir...“ Er schnitt ihr das Wort ab. „Ich rede, weil ich Bescheid weiß. Ganz Kleskow sprach davon, was ihr für Hungerleider seid. Daß deine Brüder in fremde Gärten einsteigen und nehmen, wo sie nur was kriegen können. Sei froh, daß ich dich dort rausgeholt habe.“ Er holte Atem und fügte ruhig und kalt hinzu: „Schluß mit der Debatte. Ich hab's mit Paul, deinem Vater, ein für allemal ausgemacht: Keine Verbindung mit deiner Sippe, was auch passiert.“ Unklar erinnert sich Eva, daß sie damals Bruchstücke eines solchen Gespräches gehört hat. Die Tränen kommen ihr, sie schluckt sie hinunter.
„Hat er es auch gewollt, oder war das deine Bedingung, damals, als ich zu dir kam?“
„Meine natürlich.“ Er lächelte auf einmal breit. „Die andere, daß du ein unbescholtenes Mädchen sein solltest, unberührt und unverdorben. Na, und das bist du ja gewesen.“ Sagte es und ging hinaus, schloß die Küchentür hinter sich und ließ sie

allein mit ihrer Enttäuschung.
Sie ist damit fertig geworden. Das hat sie gelernt, zu schweigen, wenn er keinen Widerspruch duldet, und zu vergessen. Woran sie nicht denken darf, daran denkt sie nicht; das Leben ist leichter auf diese Art, bequemer. Heute jedoch bohrt ein Trotz in ihr, etwas ist zurückgeblieben von der Feier im „Blauen Hirsch". Sie ist nicht häßlich und nicht faul, das weiß sie plötzlich, nicht verschlafen – nicht nachlässig und nicht verschwenderisch. Sie tut ihre häusliche Pflicht, und deshalb hat sie auch ein Recht auf Wünsche und Hoffnungen. Und den Mut, darüber zu reden. Jetzt auf der Stelle.
Aber Willi schläft schon. Er hat sich bis zum Kinn eingemummelt, die Nachttischlampe beleuchtet sein wirres Haar und das ruhige Gesicht. Im Schlaf hat er viel von einem Kind, sucht Schutz unter der Decke und rollt sich zusammen wie ein Igel. Ungewollt überkommt Eva Zärtlichkeit. Er hat seine Tücken, mein Gott ja, ist rechthaberisch und aufbrausend, aber welcher Mensch hätte keine Kanten? Und er ist ihr Mann.
Der nächste Tag vergeht wie im Fluge. Die Fahrt zum Standesamt, Willis energisches, ihr schüchternes Ja. Danach das Mittagessen mit den Trauzeugen, zwei Kollegen, die vom Vortag her noch ein bißchen verkatert sind. Auch sie ist müde und legt sich am Nachmittag hin. Die Kinder sind bei Marie-Luise und bleiben dort bis zum Montag. Willi hat das eingefädelt. Die Geschiedene ist ein Besen und ein tägliches Ärgernis, doch wenn sie gebraucht wird, hilft sie.
Am Abend zieht Eva wieder das silbrige Kleid an. Sie fahren zum See hinüber. Im „Strandidyll" hat Willi einen Tisch bestellt, für sie beide allein.
Der Abend ist sommerlich still, ein lauer Wind fächelt über die Terrasse, es riecht nach Wasser und frischem Gras. Auf dem dunklen See spiegeln sich die Lichter der Promenade, daß es aussieht, als schwimme reines Gold auf den Wellen, und aus der Bar dringt leise, einschmeichelnde Musik. Der rote Wein ist schwer und ein wenig bitter. „Unser Hochzeitstag", sagt Willi und hebt ihr das Glas entgegen. „Bist du glücklich, Eva?"

Sie kann nur nicken, atemlos und schweigend. Denn das ist der Traum, auf den sie immer gewartet hat. Einmalig und märchenhaft und doch Wirklichkeit. Sie will ihn festhalten, keine Sekunde davon verschenken. Und er sollte der Anfang sein, die Einleitung zu etwas Neuem, das eigentlich schon am Vormittag auf dem Standesamt begann. Die Frau, die ihnen das Jawort abnahm, hat es mit schönen Worten ausgedrückt: Zusammenstehen in Freude und Leid, einander fördern und verstehen, Gemeinsamkeit in allem. Eine verheiratete Frau ist etwas anderes als eine Haushälterin, meint Eva begriffen zu haben, nicht nur, daß sie den Namen trägt und der Mann sich mit ihr zeigt. Sie soll auch teilhaben an seinem Leben und gefragt werden, was ihr eigenes angeht. Sie soll eine Zukunft haben.
Für Willi gibt es so was. Sie hat es gestern gehört, als sein Chef die schwierige Rede hielt. Das ist ein Ansatzpunkt, eine Brücke, über die es sich vielleicht gehen läßt. Nicht nur vielleicht, nein, ganz sicher. Lang gehegte Vorstellungen werden wach, und die traumhafte Stimmung verleitet dazu, sie als Selbstverständlichkeit zu sehen.
„Dein Chef hat gestern gesagt, daß du die Meisterprüfung ablegen willst", fängt sie an. „Ist das nicht schwer? Mußt du nicht noch sehr viel lernen?"
„Sieh mal an, das hast du dir gemerkt." Er freut sich über ihr Interesse. Erzählt, daß er einmal in der Woche zum Lehrgang gehen und auch zu Hause die Nase in die Bücher stecken müsse. „Ehrlich, es wird eine Schinderei werden in meinem Alter, aber anders lassen sie mir den Posten nicht. Und ich werde monatelang viel weniger Zeit haben für dich und die Kinder. Aber das siehst du hoffentlich ein."
Natürlich tut Eva das, weil es gar kein Kunststück ist. Ob der Mann sich nicht mehr wie bisher hinter der Zeitung verkriecht, sondern allabendlich hinter einem Buch, macht kaum einen Unterschied. Doch davon spricht sie lieber nicht. Wichtiger ist, daß sie jetzt von sich redet, daß sie über die Brücke geht. „Ich möchte dich um etwas bitten. Heute."
„Ja", sagt er bereitwillig, aber wenig aufmerksam. „Wenn's

nicht gerade ein Auto ist.“
„Um Himmels willen, nein.“ Sie nimmt seine Hand und legt ihre darauf; der Ehering glänzt blank und neu. „Wir wollen wegziehen von Zissendorf, fort von Marie-Luise. Wir wollen endlich für uns sein, ja?“ Gespannt wartet sie auf Antwort, forscht in seinem Gesicht. Er lächelt freundlich, nachsichtig, entzieht ihr seine Hand. „Kindchen ... So billig und so ungeniert haben wir's nirgends. Außerdem der Garten, er ist so gut wie umsonst. Die Kinder sind tagtäglich an der frischen Luft. Und was hast du gegen Marie-Luise? Sie behandelt dich doch nicht schlecht.“
„Doch“, stößt Eva heftig hervor und erschrickt, weil ihre Stimme unbeabsichtigt laut klang. Aber niemand achtet auf sie, die anderen Gäste sind mit sich beschäftigt, einige Paare drehen sich träge auf der Tanzfläche. „Doch, doch“, wiederholt sie und flüstert nun fast. „Sie schnüffelt in unserer Wohnung herum, alle möglichen Ausreden hat sie dafür, ob die Lichtleitung in Ordnung ist, ob wir nicht zuviel Wasser verpanschen ... Dauernd nörgelt sie mich voll, nichts mache ich richtig. Böse ist sie und gehässig.“
Versteht er sie oder nicht? Nein, er versteht sie nicht. „Du bist zu empfindlich. Marie-Luise ist eine blendende Hausfrau, sparsam und genau, sie will dir nur raten. Gewöhn dir ein dikkeres Fell an, und es wird gehen.“ Er gießt Wein nach, dreht die Flasche, damit kein Tropfen aufs Tischtuch fällt. „Einfälle hast du, kindisch und naiv. Wohin sollten wir denn ziehen?“
Sie spürt, wie ihr Mut sinkt, der Boden unter ihr wird unsicher. Doch noch will Eva nicht aufgeben; denn das ist ihr Tag. Sie sieht auf den See hinaus, wo das Gold der Lampen auf dem Wasser schaukelt. Ihre Worte kommen hastig, sie hat Angst, unterbrochen zu werden. „Wir müßten näher an der Stadt wohnen, es wäre auch leichter für dich. Und ich, ich brauchte nicht zu Hause zu sitzen, Tag für Tag allein. Ich ... ich könnte mir eine Arbeit suchen. Für Stunden, solange Evelyn in der Schule ist. Ich hab' gehört, daß ich dann auch einen Krippenplatz für Peter bekäme.“
Er sitzt wie vom Donner gerührt, gibt keinen Mucks von sich.

Zieht nur die buschigen Brauen hoch und schüttelt langsam den Kopf.
„Bitte, Willi", sagt Eva. „Bitte, ich möchte auch meins. Sei nicht gleich dagegen."
Er ist ganz gelassen. „Darf ich wissen, was du arbeiten willst? Was kannst du denn? Zwei und zwei zusammenzählen, höchstens. Aber dafür wird keiner bezahlt."
Warum kränkt er sie so, warum macht er sie dümmer, als sie ist? Gestern abend vor einem Fremden, heute ihr ins Gesicht. Es ist, als schwanke die Terrasse unter ihr, auch der See ist nicht mehr eben. Sie umklammert den Stil ihres Glases mit beiden Händen.
„Es steht doch überall dran: Reinemachefrau gesucht, Raumpflegerin. Traust du mir das nicht zu? Wenigstens versuchen will ich's."
„Bist du von allen guten Geistern verlassen? Du dummes Schaf..." Er grollt, noch wie ein fernes Gewitter, doch dann bricht es los. „Meine Frau, mit Eimer und Lappen, solchen Bürohengsten den Dreck nachräumen. Und sich dafür den Hintern betatschen lassen. Meine Frau... Und die Kinder, meine Kinder, zu fremden Leuten? Als ob ich nötig hätte, dich arbeiten zu schicken. Als ob dir was fehlte. Oder fehlt dir was?"
Sie senkt den Kopf, duckt sich, wartet, daß der Sturm vorüberzieht. Und was könnte sie auch erwidern? Denn es fehlt ihr ja nichts Eigentliches. Essen und Trinken sind da, auch Kleidung, ein neuer Fernseher, und das Bad ist gekachelt worden, eben erst. Sie müssen tüchtig einteilen, nur vermissen, richtig vermissen, sollte sie nichts. Vielleicht hat er recht mit den Männern, die eine Putzfrau nicht achten? Weiß sie das? Sie kommt ja nirgendwo hin. Schon will sie einlenken. Meine Güte, der schöne Abend...
Zu spät. Willi ruft nach dem Ober, laut und herrisch, seine Trompetenstimme hallt, daß sich die Gäste erstaunt umblikken. Er zahlt, verzichtet auf das Kleingeld und steht auf, ohne sein Glas zu leeren. „Komm."
Der Traum ist vorbei. Eva rafft ihre Tasche auf und folgt ihm.

Ihre Schritte sind taumelig, die Terrasse schwankt noch immer. Und sie vergißt das kostbare Kleid zu raffen; fast wäre sie hingefallen. Die Leute lachen.

Fragen und keine Antwort

Wie eine Unmündige hat er mich behandelt an unserem Hochzeitstag. Schlimmer, wie eine Sache, ein Ding, das ihm gehört. Eine andere hätte sich gewehrt, ich nicht, warum nicht? Weil ich dachte, daß er mich nicht beleidigen wollte, und weil nachher wieder alles gut war zwischen uns? Er hat es auch nicht böse gemeint, selten meint er, was er im Zorn sagt. Packt ihn die Rage, kennt er sich nicht mehr, findet keine Bande. Das darf man nicht übelnehmen, sonst wäre nur Krach im Haus. Darauf hab' ich es nie ankommen lassen.

Wenn er mir damals entgegengekommen wäre, ein Stückchen nur, ein kleines ... War's denn so verrückt und unmöglich, was ich vorschlug? Nachträglich gesehen, habe ich kaum was verlangt. Und auch bloß angetippt, ganz sachte, weil ich noch nicht bestimmt ... Ja, das ist es. Ich wußte selbst noch nicht sicher, was ich wollte. Das hat ihn aufgebracht. Ihn überzeugt man nur mit festen Absichten. Nichts haßt er mehr als Unentschlossenheit und Wankelmut. Deswegen versteht er sich auch so wenig mit Peter, der Junge ist ihm zu weich, zu zögernd. Willi liebt die Entschiedenheit und die Zielstrebigkeit. Er hat Charakter, bildet er sich ein. Was beim Kind ein Trotzkopf ist, ein Dickschädel, das ist beim Mann Charakter. Und bei der Frau? Ich, zum Beispiel, wie steht's denn mit mir? Dumme Frage. Eine Diebin hat keinen Charakter oder einen ganz miserablen, ist doch klar.

Bloß, wenn's so wäre, dürfte ich nicht so unglücklich sein. Ich könnte in den Tag hinein leben wie die Schwarze, sogar im Gefängnis, meine Wut an anderen austoben, auf alles pfeifen. Aber ich grübele und grübele. Dabei wollte ich nicht denken, hier in der Haft, Ruhe sollte sein in mir, sonst nichts. Es klappt nicht. Und ich begreif' mich nicht mehr. In meinem

Kopf geht Seltsames vor. Es arbeitet hinter meiner Stirn, als ob da drinnen was umgewälzt würde. Worte fallen mir ein, die ich früher nie gebraucht habe, Bilder, die längst vergessen waren, und sie sind ungeheuer deutlich. Übel wird mir davon, abends schmerzen mir die Schläfen und der Nacken. Manchmal wünsche ich mir, daß es einen Schalter gäbe, mit dem sich das Gehirn abstellen ließe. Einfach draufgedrückt: Pause.
Bei der Arbeit, wenn ich aufpassen muß, was meine Hände machen, gelingt es mir ab und zu. Aber heute ist Feiertag, Ostern. Sonntag und Besuchszeit. Die Alte wurde gerufen, ganz aus dem Häuschen war sie vor freudigem Schreck, und zu der Schwarzen ist der Mann gekommen. Meiner kommt nicht. Einer wie er setzt seinen Fuß in kein Gefängnis. Das hätte ich mir gleich sagen sollen. Trotzdem hoffe ich noch von Besuchstag zu Besuchstag. So töricht ...
Als die Schwarze rausging und ich genau wußte, daß meiner heute wieder nicht kommt, hab' ich mir ein Ziel gesetzt. Der Brief, heute mußte er fertig werden, eingetütet und abgegeben bis zum Abend. Endgültig. Weil das so nicht weitergehen kann. Wieviel Papier ich verschmiert habe und zerknüllt. Immer wieder angefangen und immer weggeworfen. Eine Last, die mich drückt. Wenn der Brief fort ist, werde ich aufatmen und warten. Denn daß er mich ohne Antwort läßt ... nein.
Anfänge gibt's verschiedene. Erst wollte ich mit der Tür ins Haus fallen: Verzeih mir, bitte, verzeih die Schande. Hab's nicht über mich gebracht, ist das nicht eigenartig? Das Leichteste will mir nicht glücken, versteh' das einer. Mit einer Einleitung macht es sich auch besser. Mein lieber Willi, habe ich geschrieben, nun bin ich schon zwei Monate in der Anstalt, auf dem Hof blüht die Forsythie, und die Primeln am Weg zur Wäscherei treiben auch. Meine Güte, welcher Unsinn. Als ob es ihn interessieren könnte, was hier blüht. Er interessiert sich ja nicht mal dafür, wie es mir geht, mit keiner Zeile, keiner Silbe. Manchmal denke ich, er braucht mich nicht mehr.
Ich möchte es nicht glauben, und doch. Was war ich, was bin ich denn für ihn, wo ist eine Lücke ohne mich? Die meiste

Hausarbeit nimmt ihm gewiß Marie-Luise ab, es wird ihr ein teuflisches Vergnügen sein, auch zum Erzählen fehle ich ihm nicht, er trägt sein Herz nicht auf der Zunge . . . Ob er sich überhaupt mal ausspricht und wo, wer weiß das. Und was das Bett angeht, du lieber Himmel, das hat sowieso nachgelassen. Ja, er führt sein gewohntes Leben, ob ich da bin oder nicht. Aber ich brauche ihn. Ihn und die Kinder.

Denk' ich an Michael, könnt' ich krank werden vor Kummer und vor Sehnsucht. Unser Kleiner, ich hab' ihn allein gelassen wie damals meine Brüder, bloß diesmal ist kein anderer schuld. Nur ich selbst. Daß er satt wird und nicht wie ein Stromer rumläuft, dafür sorgt Willi, auch auf die Schularbeiten wird er gucken, da kann ich ganz ohne Sorge sein, aber Liebe und Zuwendung, wo soll der Kleine sie suchen? Etwa bei Marie-Luise? Mag sein, sie gibt sich Mühe, echt sogar, er wird sich versperren. Kinder spüren das, wenn einer falsch ist. Peter hat es auch gefühlt.

Peter, das lange Ende. Er steht jetzt in den Prüfungen, und bestimmt plagt er sich tüchtig. Willi wird ihn antreiben, sein Sohn soll immer und überall der Beste sein. Wenn's nach ihm gegangen wäre, hätte der Junge studieren müssen. Hat aber nicht, wollte nicht, ist mehr fürs Praktische, und da fing's an. Seitdem sind sie sich nicht mehr grün, Willi und er. Zank und Streit wird sein, und niemand ist da, der schlichtet. Marie-Luise hat in dieser Hinsicht nichts zu melden. Und Evelyn, wenn sie mal zu Hause ist, heizt die beiden noch an. Es macht ihr Laune, wenn sie sich in die Wolle kriegen, so ist sie. Evelyn, die große Dame. Ich war ihr schon lange nicht mehr fein genug, noch ehe sie mit dem jungen Wittich ging und in der Westorfer Villa verkehrte. Ich konnte ihr schon lange nicht mehr das Wasser reichen, sie war mir überlegen, über den Kopf ist sie mir gewachsen, sehr schnell. Hauspute hat sie mich genannt.

Sie ist in ihr Geschäft gegangen, und ich war die Hausputе. Wie hat mich das geärgert, wie ein ständiger Vorwurf war es. So hab' ich es empfunden. Und jemand hat's mir dann ja auch gesagt, direkt ins Gesicht hinein: Warum, Frau Bertram, haben Sie sich vergraben, warum arbeiten Sie nicht? Sie ist es gewesen, die Schöffin mit den roten Locken, und sie hat sich über den Richtertisch gebeugt, als wollte sie mir ins Innerste sehen. Erschrocken war ich und böse auf die Frau. – Falsch hab' ich gedacht. Denn sie hat gesucht. Herausfinden wollte sie, warum sie mich verurteilen muß, weshalb ich so wurde, wie ich bin.

Warum arbeiten Sie nicht, Eva Bertram? Alle sonst bohrten an mir herum, weshalb ich gestohlen habe. Sie aber hat so gefragt, weil es für sie wichtig war. Und für mich auch. Hätte ich gearbeitet, dann säße ich nicht hier in der Strafanstalt. – Nein, das ist zu einfach. So leicht kann ich es mir nicht machen. Aber zwischen Evelyn und mir wäre es besser gekommen. Sie hätte nicht auf mich herabgeblickt, hätte mich respektieren müssen, wie sie den Vater respektiert, und sich ein bißchen von mir zügeln lassen. Vielleicht wäre sie nicht der Ich-Mensch geworden, der nur immer nimmt und nimmt.

Hätte, hätte, wäre ... Aber das alles ist kein Grund, daß sie mich nun ganz vergißt. Wenn Willi sich schon nicht rührt, ihr fällt's doch nicht schwer, ein paar Worte zu schreiben. Und warum erinnert sich Peter nicht an mich? Sie schweigen, sie haben mich beiseite geschoben. Früher, so steht es in alten Geschichten und in Märchen, jagten Eltern ihre verdorbenen Kinder aus dem Haus. Heute ... ist es heute möglich, daß Kinder ihre ungeratene Mutter verstoßen? Aus und vorbei, vergessen und verlassen?

Sie dürfen es nicht, es ist schlecht. Nur weil ich gestrauchelt bin. Nicht gestrauchelt, gefallen bin ich, sehr tief, tiefer geht's gar nicht mehr.

Karin, die Blonde

Zweieinhalb Monate hatte die Blonde geschwiegen. Sie war ihrer selbst überdrüssig gewesen, verzweifelt an sich und am Dasein überhaupt. In einer Schale hatte sie gesessen, hart wie die einer Nuß, unansprechbar und unberührbar. Dann kam der

Moment, in dem sie die selbstgewählte Isolierung nicht mehr ertrug; die Schale sprang. Es war an dem Tag, als in der Anstalt davon gesprochen wurde, daß ein Zirkel für künstlerische Textilgestaltung gegründet werden sollte. Karin hörte das Wort Gestaltung, und etwas regte sich in ihr, eine Unruhe im Kopf und in den Händen. Sie gehörte zu den ersten, die sich für den Zirkel einschrieben. Mit ihr zusammen meldete sich Eva Bertram an. Darüber verspürte die Blonde eine leise Freude.

Alle miteinander sind sie nur elf Häftlinge, die um ein paar zusammengerückte Tische im Freizeitraum sitzen. Denn es geht nicht allein ums Wollen, der Zirkel ist eine Art Auszeichnung für gutes Verhalten. Und er unterscheidet sich wesentlich von denen draußen in der Freiheit. Die Aufseherin Frohwein ist dabei und wacht argwöhnisch darüber, daß nicht geschwatzt und kein persönliches Wort gewechselt wird. Daran muß sich auch die Leiterin halten. Sie ist vom Kreiskulturhaus gekommen, eine attraktive, elegante Frau, und hat Material mitgebracht. Dazu Entwürfe für Kissen und Wandschmuck, für gestickte Gürtel, Ketten, Blusen im Folklorestil und anderes mehr.

Der Blonden gefällt der Entwurf eines Raumteilers, in dessen Strukturen Motive einer alten Stadt verwoben sind. Sie kann sich vorstellen, wie sie im wechselnden Tageslicht aufleuchten und ihre Konturen spielen. Doch wozu braucht sie so etwas? In ihrer Einraumwohnung gibt es nichts zu teilen, keinen Platz und keinen zweiten Bewohner, der mit ihr teilt. Einer war da, zeitweise, aber der hat sie verlassen. Sofort, als das mit ihr geschah, als sie die Tat begangen hatte, die vor Gericht eine verhängnisvolle Kurzschlußhandlung genannt wurde. Der Mann ließ sich versetzen; er soll jetzt wieder unten im Süden arbeiten, wo er zu Hause ist. Dort besitzt er ein Grundstück, eine Frau und einen Hund. Kinder hat er nicht. Das war sein und ist nun Karins Unglück.

Der Betrieb hat sie nicht aufgegeben. Man war bestürzt, entsetzt, fassungslos, aber man ist bereit, sie wieder aufzunehmen, zwar nicht in ihre alte Stellung, doch in eine Funktion, die ih-

rer Qualifikation entspricht. Sie wird einen Platz im Zeichensaal bekommen und wie früher jeden Abend in ihre kleine Wohnung zurückkehren. Und allein sein. Dennoch wird sie jetzt den Raumteiler anfertigen, denn irgend etwas muß sie tun, sonst entfernt man sie über kurz oder lang aus dem Zirkel.
Eva, ihr gegenüber, scheint sich nicht entscheiden zu können. Sie sitzt vor dem Entwurf eines Wandteppichs und knetet die Hände im Schoß. Auf blauem Grund soll dick und grell eine Sonnenblume blühen. Evas Augen glänzen überwältigt.
Ein seltsames Wesen ist sie, denkt die Blonde. Still, in sich gekehrt und auf erschreckende Weise unbeholfen. Nicht bei der Arbeit, die anfängliche Ungeschicklichkeit hat sie schnell überwunden. Man holt sie schon immer öfter an die Mangel, und bei diesem geisttötenden Einerlei entwickelt sie ein fast rasantes Tempo. Aber sie kann sich so gar nicht behaupten. Bei Tisch, im Bad, überall ist sie die letzte, die drankommt, als ob sie dazu geboren wäre, Püffe und Knüffe auszuhalten. Vielleicht fühle ich mich wegen ihrer Hilflosigkeit zu ihr hingezogen, oder weil sie wie ich niemals Besuch erhält. Es geht uns ähnlich. Auch sie findet in den grausam langen Nächten oft keine Ruhe. Dann schluchzt sie unter ihrer Decke. Erst beneidete ich sie darum, daß sie sich ausheulen kann, mir spült keine Träne weg, was gewesen ist. Doch was zuviel ist, ist zuviel. Jemand müßte sie beim Schopf nehmen und aus dem heulenden Elend herausziehen, selbst bringt sie die Kraft dafür wahrscheinlich nicht auf. Und wenn sie niemand hat, keinen, der ihr echt nahesteht?
Die Zirkelleiterin ist zu Eva getreten und erklärt, wieviel Wolle von jeder Farbe für den Wandteppich gebraucht wird. Eva nickt und hört zu. Sie will doch nicht wirklich diese gräßlich fette Blume, fürchtet die Blonde, nein, das geht nicht. „Das Motiv ist entschieden zu protzig", mischt sie sich ein. „Ich würde das Gelb etwas auflösen, die kalte blaue Fläche lockern. Gestatten Sie mal?"
Die Leiterin, einigermaßen aus dem Konzept gebracht, reicht ihr den Block, auf dem sie einzelne Elemente anderer Arbei-

ten aufgezeichnet hat. Mit raschen Strichen und Rundungen bringt Karin das neue Muster aufs Papier, so wie es ihr gerade eingefallen ist: drei Sonnenblumen mit Stielen und Blättern und in abgestuften Größen. Sie achtet nicht darauf, daß die Frau aus dem Kulturhaus pikiert die Lippen schürzt, denn die Riesenblume war ihre Idee, sie merkt nicht, daß die Aufseherin hinter ihr steht, sie hat nur noch Augen und Hände für ihre Skizze. Aufatmend schiebt sie das Blatt über den Tisch.
„Hübsch", sagt Eva. „Daß du das kannst. Nur – schade um die Mühe. Weil ich den Teppich nicht machen werde." Verzichtend hebt sie die Schultern. „Solche Unmengen von Wolle, woher sollte ich das viele Geld . . .?" Ihre Frage, mehr eine Feststellung, hängt im Raum. Die Zirkelleiterin, unerfahren mit Frauen in geschlossenen Häusern und unsicher geworden, weiß nicht, wie sie reagieren soll.
In das Schweigen hinein sagt die Aufseherin: „Das mit der Wolle geht schon in Ordnung, Strafgefangene Bertram. Wer ordentlich was leistet, verdient auch nicht schlecht. Sie haben genügend eigenes Geld."
Die Frauen, die den Vorgang verfolgt haben, nehmen ihre Arbeiten wieder auf. „Na sehen Sie", ermuntert die Leiterin. „Nur nicht so zaghaft. Und wenn ich Ihnen raten darf . . ." Sie stockt, erschrocken über das Aussehen der Gefangenen. Deren Gesicht ist maskenhaft verzerrt; die Augen, stumpf und leblos, starren ins Leere. Und dann geschieht es. Eva lacht. Laut, mit weit geöffnetem Mund lacht sie; es klingt gespenstisch und beängstigend. Ein Krampf schüttelt ihren Körper, die Schultern fallen nach vorn, die Stirn auf die Tischplatte. Doch das Lachen, nur von Röcheln unterbrochen, hört nicht auf.
„Ein Schock. Man muß ihr helfen." Die Blonde springt auf. „Tun Sie doch was", schreit sie die Aufseherin an. Sie läuft um die Tischreihe herum, faßt die von Sinnen Gekommene um die Schultern und versucht, sie aufzurichten. Es gelingt nicht. Auch ruhige Worte und sanftes Streicheln richten nichts aus. Eine endlos scheinende Zeit verstreicht. Und ringsum ängstliche, sensationslüsterne und hämische Blicke. Alle hier leiden an unterdrückten Emotionen, und es sind nicht die besten, die

in der Haft wach werden. Die Blonde fühlte sich gefeit dagegen, aber nun ist sie so weit, daß sie in eines der Gesichter hineinschlagen möchte.
Endlich wird Evas Rücken gefügig. Das hohle, wie aus einem tönernen Krug aufsteigende Lachen versickert. Sie hebt das schweißnasse Gesicht und schaut sich um, als wisse sie nicht, wo sie sich befindet.
Draußen auf dem Gang ist ein Gerenne, und nun erscheint der Arzt; er war zufällig noch im Haus. Auch die Schwester ist da. Eva kann nicht sprechen, aber sie läßt alles mit sich geschehen, den Puls fühlen, das Weiße der Augäpfel betrachten, und sie trinkt gehorsam ein Glas Wasser. Der Arzt verfügt, daß sie in die Krankenstation gebracht wird.
Den Zurückbleibenden ist der Spaß an den Handarbeiten vergangen. Wer hätte geahnt, daß die stille Eva an einer Neurose leidet, einer schweren, denn wie anders wäre ihr Ausbruch zu erklären? Daß er nicht gespielt war, kein Trick, um sich ein paar bequeme Tage zu verschaffen, ist gewiß. Eine Zeitlang wird das Ereignis noch Gesprächsthema in den Zellen sein und dann langweilig werden. Was mit der Erkrankten weiterhin geschieht, erfährt man sowieso nicht.
Doch tags darauf, beim Mittagessen, sitzt Eva wieder an ihrem Platz, und sie geht auch mit der Brigade zur Schicht in die Wäscherei. Nichts ist ihr anzumerken, sie wirkt höchstens noch ein wenig mehr gedrückt. Forschenden Augen und heimlichen Fragen weicht sie aus. Die Blonde, die mit ihr zusammen Nummernstreifen auf schmutzige Handtücher klebt, fühlt Mitleid und Neugier. Auch Bedauern. Denn sie fürchtet, daß sich die Gefährtin, der sie zögernd nähergekommen ist, von nun an ganz verschließt. Doch irgendein Wesen, ein bißchen Vertrautheit braucht der Mensch. Wir sind alle nicht als Eremiten in die Welt gesetzt worden, denkt sie. Vielleicht ist Eva Bertram die Mühe nicht wert, aber sie ist die einzige, die überhaupt in Frage kommt. Die Alte lebt schon nicht mehr auf dieser Erde, und die Schwarze, Gott bewahre . . .
Die Schwarze macht sich am Abend schön, wickelt sich die Haare. Am nächsten Morgen soll sie zum Zahnarzt, und der

Zahnarzt ist ein Mann. Die Aussicht auf ihn stimmt sie friedlicher als gewöhnlich, und sie ist schweigsamer. Die Lichter in der Strafanstalt sind längst gelöscht, alle Türen verschlossen. Nur von den Neonlampen auf dem Hof fällt ein grünlicher Schein durch das Fenster. Er läßt das Gesicht der Schwarzen ebenmäßig und glatt erscheinen. Emsig und mit geübten Griffen arbeitet sie an ihrer Frisur. Eva und die Blonde warten, daß sie damit fertig wird und endgültig Ruhe einzieht.
Die Blonde wollte nicht fragen, wer nicht antworten will, den soll man nicht belästigen, aber nun kann sie sich nicht länger beherrschen. „Was war gestern mit dir los, Eva? Hattest du solche Anfälle schon früher?"
Eva dreht sich auf die Seite und stützt den Kopf in die Hand. „Nein, nie", antwortet sie zögernd. „Es ist auch von keiner Krankheit gekommen, sonst wär' ich ja auf Station geblieben. Ich hab' bloß an was Komisches denken müssen."
„So lustig fand ich deinen Auftritt aber nicht." Die Blonde setzt sich auf und massiert ihre Gelenke, die vom Stehen geschwollen sind. „Sag mal, warum bist du eigentlich hier?" Das war natürlich zu direkt gefragt, merkt sie gleich und wundert sich nicht, daß Eva keine Antwort gibt.
„Geklaut hat sie, was denn sonst." Die Schwarze, die immer alles von allen weiß, woher ist rätselhaft, nuschelt, weil sie eine Wicklerklammer mit den Zähnen festhält. „In fremde Taschen hat sie gegriffen, so dämlich. Klar, daß sie erwischt wurde."
„Sei so freundlich und behalte deine Meinung für dich. Aus Versehen bist du auch nicht in diesem Sanatorium."
„Aber genau." Die Schwarze steckt eine Klammer fest und schwenkt auf dem Stuhl herum. Das hochgerollte Haar läßt ihr Gesicht nackt, den Hals sehnig erscheinen. „Angeschwärzt haben sie mich, verpfiffen, die Strolche. Weil sie sich einbildeten, daß sie dann leichter davonkämen. Nichts war, Pustekuchen. Bloß mich haben sie geschafft. Woher sollte ich wissen, daß mir die Blödmänner heiße Ware anschleppten? Sie kriegten das Zeug verbilligt von ihrem Betrieb, sagten sie. Gefällig wollte ich ihnen sein, weiter nichts. Und die Hunde schmieren mich an." Ihre Stimme kippt über, sie preßt die Fäuste an die

Schläfen. „Die Konzession im Eimer, das Auto futsch, und was ich noch werde bluten müssen, wenn ich endlich 'raus bin aus dem Knast. Schadenersatz, daß ich nicht lache."
Das hättest du dir eher überlegen sollen, denkt die Blonde, von wegen nichts gewußt, dumm hast du dich gestellt. Und nichts eingesehen, nichts begriffen. Aber sie hütet sich, das auszusprechen, die Redeschleusen aufs neue zu öffnen. Sie will auch nicht verdammen, denn sie darf sich nicht schuldloser fühlen als irgendeine in der Anstalt. Was sie getan hat, wiegt noch schwerer.
„So kann man reinfliegen", sagt die Schwarze. „Mir bleibt nur der Strick oder der Gashahn."
„Erzähl keinen Unsinn. Du hast doch einen Mann, der zu dir steht. Oder wer ist das, der dich besucht?" Es ist Eva, die so fragt.
„Gott sei Dank habe ich einen. Er sollte bloß wagen, mich sitzenzulassen. Den habe ich an der Kandare." Die Schwarze streckt den Arm nach Karin aus. „Ich brauche mir keinen zu angeln. Wegen eines Kerls muß ich kein Baby entführen wie die da."
Karin steigt das Blut ins blasse Gesicht, sie umklammert ihre Knie und duckt sich. Von fern, weil es so leise ist, hört sie wieder Eva: „Ein Kind ... Karin, du hast ...? Und die Mutter? Hatte es nicht eine Mutter?" Karin krümmt sich noch tiefer zusammen, weil sie nicht fliehen kann. Denn so ist sie unzählige Male gefragt worden. Von der Kriminalpolizei, vom Richter und Staatsanwalt und zum Schluß von der eigenen Mutter, der einzigen Angehörigen, die sie besitzt. Das wurde sie gefragt und warum sie kein Kind angenommen hätte. Als ob das so leicht wäre, seit es die Pille gibt und die Schwangerschaftsunterbrechung und Babys kaum noch aus Versehen geboren werden. Und Egon, der Bauleiter und zeitweilige Mitbenutzer ihrer Wohnung, war auch nur für ein eigenes Kind oder eins, das er dafür hielt, bereit gewesen, für immer bei ihr zu bleiben.
„Da bist du platt", wendet sich die Schwarze an Eva. „Das haut dich um, was?"

Eva schweigt, dafür tönt plötzlich eine fremde rauhe Stimme: „Den Hintern müßte man euch versohlen, allen miteinander. Ich will's euch sagen, was euch hierhergebracht hat: Der Übermut. Zu schön habt ihr's gehabt, vor lauter Gutgehen nicht mehr gewußt, wohin." Die ewig murmelnde Alte hat die Krampfaderbeine aus dem Bett geschoben, aufrecht sitzt sie auf der Kante und schaut mit klaren Augen auf die jüngeren Frauen.

Die Schwarze faßt das Erstaunliche zuerst. „Ich denk', mich streift ein Zeppelin. Du lebst ja noch. Und bist putzmunter."

„Weil unsereins nicht mit anhören kann, was ihr erzählt. Stehlen, hehlen, Kinder wegnehmen. Leichtfertige, gedankenlose Weiber ..."

„Nun mach aber einen Punkt. Spiel dich nicht auf, ausgerechnet du. Mörderin."

„Ja, ja", tönt es aus der Alten, kein bißchen überrascht oder betroffen. „Schrei's nur heraus, du schwarzer Satan. Warum sollen es die beiden nicht erfahren." Sie zögert einen Augenblick und sagt: „Ich hab' meinen Mann erschlagen. Fast."

„Nein!" Die Blonde reißt es hoch aus der Verkrampfung. Sie wagt nicht, die Alte anzublicken, weniger aus Furcht, aber da ist ein Grauen vor dieser heiseren Stimme, die so gleichgültig Entsetzliches ausspricht. „Nein. Sei still, du. Ich will nichts hören."

„Ihr wollt nicht wissen, warum? Auch du nicht, Bertram, oder weshalb verkriechst du dich unter der Decke? Ich bin eine Warnung, hörst du?" Die Alte streicht die grauen Strähnen hinter die Ohren, tastet mit den Fingern das zerfurchte Gesicht ab. „Ich bin noch keine Fünfundfünfzig. Und seht mich an, was er aus mir gemacht hat, der Säufer. Zwanzig Jahre lang Prügel, jeden Tag oder jeden zweiten. Alles Geld in die Kaschemme getragen und mir die Einrichtung zerschlagen, wenn ich meins versteckte."

„Na, und?" Die Schwarze lacht ungläubig. „Hättest dich eben scheiden lassen sollen, alte Eule."

„Was verstehst du denn? Zu lange habe ich ihn geliebt, und

dann hatte ich keine Kraft mehr. Nur noch für dieses eine." Sie läßt sich aufs Bett zurückfallen. Sie ist erschöpft und sinkt sofort in den Schlaf. Auch die Schwarze ist still geworden.
Die blonde Karin starrt in die Neondämmerung und horcht auf die Geräusche der Nacht. In der Ferne rumpelt ein Zug. Die Lok stößt Hupsignale aus, dort wird ein Bahnübergang sein. Auf dem Gang nähern sich Schritte, verharren vor der Tür und entfernen sich. Das war die Wache. Ein LKW fährt vorbei, auf dem Kästen klappern. Das Milchauto, es poltert stets um die gleiche Zeit. Eva wälzt sich ruhelos auf ihrem Lager. Schluchzt sie schon wieder, oder gluckert nur das Wasser in den Heizungsrohren? Irgendwann tastet sich die Blonde zu ihr hin, hockt sich auf dem Rand der Pritsche nieder. Erschrocken deckt Eva die Hand über die Augen. „Was willst du?"
„Hör auf mit dem Geflenne, hör auf, oder du stehst das hier nicht durch. Erzähl mir lieber, was mit dir los ist." Sie flüstert, denn sie fürchtet die anderen zu wecken. Behutsam, als sei die Ältere ein Kind, nimmt sie ihr die Hand von der Stirn und hält sie fest.
Eva wehrt sich nicht, doch sie fragt, auch flüsternd: „Wozu? Warum?"
Die Blonde sagt: „Wir müssen endlich anfangen, miteinander zu reden. Wir brauchen das, beide."

Freundschaft

Setz dich hin und schreib diesen Brief, hat Karin gesagt, bei allen roten Herrgöttern schreib endlich. Flehe deine Leute an, oder beschimpfe sie, nur unternimm alles, damit du sie nicht verlierst. Du weißt ja nicht, was du besessen hast, was das heißt, eine Familie zu haben. Du weißt nicht, was du aufs Spiel gesetzt hast, Eva.
Wußte ich das wirklich nicht... Früher jedenfalls hab' ich es nicht gewußt. Wenn etwas da ist, alle Tage, und man lebt mittendrin, stellt man sich nicht vor, wie es sein könnte, wenn

man es nicht mehr hat. Und doch habe ich nur für Willi und die Kinder gelebt. Karin ist ganz allein, nur noch eine Mutter hat sie, eine alte, kranke Frau, sonst keinen Menschen. Sie hat mir erzählt, wie es gekommen ist, daß sie vor Gericht mußte und was die Richterin sagte. Daß Karin es wegen des Mannes getan hätte, wegen dieses Kerls, der sie nun sitzenläßt. Dabei hat sie aber auch selbst so gern ein Kind haben wollen, bloß sie kriegte kein eigenes. Komisch ist das, bei manchen purzeln sie nur so – ich könnte sechs oder sieben haben, wenn Willi nicht ein bißchen aufgepaßt hätte. Jedes Jahr eins, bestimmt, und sie kriegt keins. Trotzdem, das hätte ich nicht fertiggebracht, mir einfach ein Kind zu stehlen. Sie meint ja, daß sie es zu Anfang auch nicht tun wollte. Sie hatte Urlaub und ging spazieren, und der Wagen stand vor der Kaufhalle. Es war kalt, und das Baby, so ein Würmchen, schrie fürchterlich. Da ist sie stehengeblieben und hat es angeguckt, leid hat es ihr getan. Die Decke hat sie ihm gerichtet und das Mützchen geradegerückt. Und auf einmal ist sie mit dem Wagen losgegangen, einfach zu sich nach Hause. Dem Mann, dem Egon, hatte sie aber schon lange vorher gesagt, daß sie was erwartet, daß sie schwanger von ihm ist. Ich versteh' das alles nicht richtig, es ist mir zu schwer.
Trotzdem bin ich froh, daß sie sich mit mir abgibt. Zuerst fürchtete ich mich vor ihr, sie hatte so einen merkwürdigen Blick, und sie ist so ganz anders als ich. Eine gebildete Frau mit einem schönen Beruf, Bauzeichnungen macht sie. In dem Büro, wo sie gewesen ist, war sie die Leiterin, das hat sie mir auch gesagt, und daß es damit erst mal vorbei ist. Aber zurück kann sie dorthin. Ich habe anständige Kollegen, und ich liebe meine Arbeit, meinte sie, und das ist gar nicht so wenig. Doch sie hat traurig dabei gelächelt.
Zu mir ist Karin manchmal grob gewesen. Sie hat mich fast beleidigt, aber, kaum zu glauben, gerade das tat mir gut. Wenn du nicht mal einen einzigen Brief schaffst, hat sie mich angefahren, taugst du wirklich nichts. Du bist nicht so schwach, wie du dir einbildest, du bist nur feige, und du tust nicht das geringste, deinen Willen zu trainieren. Drei Kinder,

gesunde, begabte Kinder, und so was geht stehlen, aus Langeweile, wie ich vermute. Und heult dann Nacht für Nacht die Laken naß vor lauter Mitleid mit sich selber.
Ist das Freundschaft, wenn man so miteinander spricht? Vielleicht. Ich hatte ja niemals eine richtige Freundin, bloß in der Schule, und das ging nicht lange. Schreibers Minchen, meine Güte, was mag aus der geworden sein? Einen Buckel hatte sie, war vom Ackerwagen gefallen als ganz kleines Kind, und die Eltern hatten zu spät gemerkt, daß sie schief wächst. Wegen des Buckels wollten die anderen nicht mit ihr gehen, dabei war sie klug, die Beste in der Klasse, und singen konnte sie, einmalig. Wir kamen auseinander, weil ich nie Zeit hatte, und immer war ich müde. Schade. Ich hab' vieles nicht gehabt, was andere hatten, es hat sich nicht ergeben. Auch keine Freundschaft.
Was ich davon weiß, ist nur aus Büchern, aus den Büchern, die Evelyn und Peter für den Unterricht brauchten. Viele hab' ich gelesen, heimlich, vormittags am Küchentisch, und ich hab' mir den Wecker gestellt, damit ich die Zeit nicht verpasse ... Am schönsten war das Buch „Tinko", da konnte ich mir die Leute ganz genau vorstellen und hab' immerzu an Vater gedacht. Der war ja auch ein Heimkehrer gewesen und hatte keine Frau mehr. Manche Bücher haben mich so aufgeregt, daß mir richtig schwindlig war. Willi weiß das bis heute nicht. Er ist gegen das Schmökern, prinzipiell, nur seine Zeitung muß er haben, damit er auf dem laufenden bleibt. In den Büchern hat es gestanden: Schlechte Freunde reden zum Munde, gute sagen die Wahrheit. Karin spricht die Wahrheit. Sie ist grob, weil sie mir helfen will.
Wären wir draußen zusammengetroffen, wir hätten uns gar nicht angeguckt, so verschieden wie wir sind. Für Karin wär' ich Luft gewesen, ganz sicher. Hier ist das anders. Es treibt uns zusammen, das Alleinsein, aber auch der Ekel vor der Schwarzen und das Grauen vor der Alten. Sie ist so schrecklich verwüstet, die Alte, furchtbar, daß ein Mann eine Frau dahin bringen kann. Lieber Himmel, da müßte ich ja glücklich und dankbar gewesen sein, daß ich einen soliden, anständigen

Mann hatte ... Hatte? Ich hab' ihn doch noch, und er darf mich nicht verlassen.
Ich soll Karin erklären, warum ich ihm bis jetzt nicht geschrieben habe. Als ob ich das selber wüßte. Da ist was drin in mir, das sich wehrt, und das ist stärker als ich. Ja, wenn ich ihn sehen, mit ihm sprechen dürfte ... Trotzdem, ich werde schreiben.
Etwas anderes kann ich Karin auch nicht sagen, ich will einfach nicht: Warum ich neulich im Zirkel so einen Lachanfall hatte, der nicht mehr vergehen wollte? Soll sie ruhig glauben, ich hab's mit den Nerven, sollen sie's alle glauben.
Eine Frau wie ich, Mutter von drei großen Kindern – und ich könnte schon Oma sein, wenn Evelyn gewollt hätte –, eine Frau wie ich muß erst im Gefängnis sein, damit ihr jemand sagt, daß sie was leistet. Wenn das nicht irre ist. Die Frohwein hat sich nichts dabei gedacht, sie konnte nicht ahnen, daß es mich umwirft. Und daß sie mich zwingt, zurückzuschauen, mein ganzes Leben noch mal durchzunehmen. Ich will jetzt herausfinden, was ich verpaßt habe.
Als sie mich in die Anstalt brachten, hatte ich mir vorgenommen, über gar nichts nachzudenken. Mir war, als hätte ich nur Dreck hinter mir und wäre immer schlecht gewesen. Schlecht und dumm und unglücklich. Aber ich hab' mich doch auch froh gefühlt, froh und frei und gut. Solche Tage hat's gegeben. Warum habe ich sie vergessen und denke nun auf einmal wieder daran?

Drittes Erinnern: Das Nelkenbeet

Es ist ein unwahrscheinlicher Sommer, eine endlos scheinende Kette von Sonnentagen, heiß und flimmrig. Sie wohnen immer noch in Zissendorf bei der Geschiedenen. Sie wohnen gut und billig, nur Eva findet das Haus bedrückend. Aber sie spricht nicht darüber. Sie will keinen Zank, und ihr Mann hat sich das Thema heftig verbeten. Von früher her verdanke er Marie-Luise zuviel; heimatlos und ohne vernünftige Ausbildung aus dem Krieg zurückgekehrt, habe sie ihm auf jede Weise geholfen, einen ordentlichen Beruf zu erlernen, das zu werden, was er heute ist. Er denke nicht daran, sie im Alter allein zu lassen und ihr zuzumuten, an fremde Leute zu vermieten. Er sagt, Marie-Luise brauche ihn und seine Familie. Das mag stimmen. Vielleicht braucht sie Eva sogar am nötigsten, um zu herrschen, zu nörgeln und sich an ihr zu reiben.

In der warmen Jahreszeit fühlt sich Eva leichter. Da hat sie den Garten, der inzwischen ihr allein überlassen wurde. Und in diesem Sommer ist sie auch ungebundener. Willi hat schon längst die Meisterprüfung abgeschlossen; er leitet die Elektroinstallation in einem Ferienheim am Meer. Alle zehn Tage nur kommt er nach Hause, legt Geld auf den Tisch und bringt seine Sachen zum Waschen. Später will er ein paar Wochen Urlaub auf Rügen machen, zusammen mit Evelyn und Peter. Eva wird nicht dabeisein. Im Jahr zuvor hat sie ihr drittes Kind geboren, und mit einem Baby ist schlecht unterzukommen.

Nach der Entbindung kränkelte Eva lange, auch das Kind war schwächlich. Nun erholen sich beide in Sonne und Luft, den ganzen Tag sind sie draußen. Michael strampelt auf seiner Decke, rollt sich auf den Bauch, stützt die Ärmchen auf und versucht, die kleinen Beine nachzuziehen. Es klappt noch nicht richtig, er kommt kaum ein Stückchen vorwärts. Eva braucht nicht besonders auf ihn zu achten. Die Sonne brennt, aber unter den Bäumen ist es frisch. Sie nimmt Tomaten ab und entfernt überflüssige Triebe. Plötzlich spürt sie, daß jemand hinter ihr ist. Erschrocken richtet sie sich auf. Auf dem Weg zwischen den Gemüsepflanzungen steht eine Frau. Schlank und braungebrannt, das graue Haar kurz geschnitten und trotz des einfachen Leinenkleides irgendwie flott. „Entschuldigen Sie, daß ich einfach eingedrungen bin. Aber man hat mich zu Frau Bertram geschickt. Das sind Sie doch?“

Eva nickt stumm, es ist die alte Scheu vor Unbekannten. Die Fremde fährt fort: „Seit Stunden laufe ich schon durch die Blumengeschäfte, aber vergeblich. So ein traumhafter Sommer, und nirgendwo nur ein Stielchen zu erwischen. Es ist nicht zu fassen." Erschöpft hebt sie die Schultern und fügt hinzu, daß sie Marianne Brückner heiße und in den Neubauten am Kanal wohne.

Bei Eva dämmert es. Sie geht den Weg zurück in den Vordergarten, und die Frau folgt ihr. Die Rosen haben ihren ersten Flor hinter sich, die Margeriten sind auch hinüber, und die Dahlien fangen gerade erst an. Nur ein einziges großes Beet leuchtet in Rosa und Weiß. „Wenn Sie ein paar Nelken haben möchten?"

„Wunderbar. Ich war schon am Verzweifeln, als mir die Verkäuferin im Genossenschaftsladen den Rat gab, mich an Sie zu wenden. Frau Bertram ist berühmt hier in der Gegend wegen ihrer schönen Blumen, hat sie gesagt."

Eva merkt, daß sie rot wird. Rasch bittet sie Frau Brückner, einstweilen auf der Gartenbank Platz zu nehmen, läuft nach Schere und Garn und macht sich an die Arbeit. Zwanzig Stengel oder mehr schneidet sie ab, auch Spargelgrün zum Dazwischenstecken. Später, beim Binden des Straußes, sitzen sie nebeneinander. Eva ist zutraulicher geworden. Sie fragt, ob die Nelken für einen Geburtstag gedacht wären oder für ein anderes Fest.

„Dann hätt' ich mich kaum so abgestrampelt. Nein, wir, das heißt unsere Frauengruppe empfängt einen Gast, den wir unmöglich ohne Blumen begrüßen können." Frau Brückner spricht von einer jungen Vietnamesin, die eingeladen wurde, um von ihrer Heimat zu berichten. „Sie studiert Medizin und absolviert zur Zeit ein Praktikum an der Städtischen Frauenklinik. Doch ihre Kinder mußte sie zu Hause lassen. Darunter leidet sie wohl am meisten."

Während sie erzählt, nestelt sie einen Zehnmarkschein aus der Handtasche und legt ihn auf den Tisch, neben das Bindegarn. Das ist viel Geld, und es verlockt. Doch Eva greift nicht zu. Sie stellt sich die junge Mutter vor, deren Kinder daheim geblieben sind, dort in diesem langen Krieg. Das Fernsehen brachte Bilder, die sie nicht vergessen konnte; sie hat bei ihrem Anblick gefroren. Nun nimmt sie den Schein und schiebt ihn, als wäre er heiß und sie hätte Angst, sich daran zu verbrennen, schnell zurück. Sie will sich nicht verlocken lassen. Doch die Begehrlichkeit flackert in ihren Augen und ist nicht zu verbergen. Geld – es besitzt eine ihr selbst nicht voll bewußte Anziehungskraft. Aber jetzt müßte sie sich schämen, es auch nur anzurühren.

Die fremde Frau versteht etwas von Menschen, und sie bemerkt den Zwiespalt. Kurz entschlossen steckt sie ihr den Schein in die Schürzentasche. Und sie lädt Eva zu der Veranstaltung am Abend ein. „Kommen Sie bestimmt. Ich würde mich freuen."

„Danke", sagt Eva. Und sie denkt, warum denn nicht, ich hab' doch sonst kaum was. Willi würde es zwar nicht gern sehen, er hat was gegen die Frauengruppen, seiner Meinung nach tratschen die doch bloß und hetzen sich gegen ihre Männer auf, aber er ist weit weg. Ich tu' ja nichts Schlimmes, ich möchte doch nur mal 'raus aus Haus und Garten.

Bald darauf geht ihr anderes durch den Kopf. Sie steht am großen Beet und versucht, die Blütenköpfe zu zählen. Es ist unmöglich. Wer hätte gedacht, daß die Nelken so üppig wachsen würden. Willi zuletzt; er hatte mitleidig gelächelt, als sie die Jungpflanzen setzte. Genaugenommen sind es noch keine richtigen Pflanzen gewesen, Sämlinge höchstens, mickrig und kopfhängerisch. Und jetzt, welche Fülle.

Im Frühjahr war Eva in der GPG gewesen, um Salat- und Kohlrabisetzlinge zu besorgen. Die holt sie nie aus dem Laden, direkt vom Frühbeet sind sie frischer und gehen besser an. Das sagt sie, über den eigentlichen Grund spricht sie nicht. Sie fühlt sich ganz einfach wohl in der Gärtnerei, und sie ist dort angesehen. Einmal, vor ein paar Jahren, hatte sie Rosen für Marie-Luise gekauft. Der Bestand war noch jung und wirkte kräftig. Man hatte Eva ausgelacht, als sie behauptete, die Stöcke wären krank und würden über kurz oder lang eingehen. Ein halbes Jahr später wurde das Glashaus geräumt und mußte viele Monate leer stehen; ein böser Verlust für die Genossenschaft. Seitdem traut man Eva ungewöhnliche Fähigkeiten zu und räumt ihr Privilegien ein. Sie braucht keinen Passierschein und darf sich auf dem Gelände bewegen, wie es

ihr Spaß macht. Und die Leitung hat die Hoffnung noch nicht aufgegeben, daß sie mal richtig dableibt, steht es doch am Tor geschrieben: Hilfskräfte aus der nichtberufstätigen Bevölkerung gesucht.
Nach dem Einkauf im letzten Mai war sie noch auf einen kleinen Schwatz zu Opa Werner in die Zierpflanzenabteilung gegangen. Der Alte, der schon dabei war, als die Genossenschaft gegründet wurde, half jetzt hier und da ein bißchen aus. Er bündelte gerade Nelkenpflanzen. Das tat er sorgfältig; niemand sollte sagen, daß die GPG schlechtes Pflanzgut liefere. Vor Eva lobte er seine Ware über den grünen Klee und hätte doch wissen müssen, daß sie sich solchen Luxus nicht leisten durfte. Ihr Blick fiel auf einen Haufen ausgesonderte, schon angewelkte Pflänzchen. Sie meinte, daß es doch schade drum wäre. Der Alte lachte. Seinetwegen könne sie den ganzen Ramsch mitnehmen, umsonst natürlich, denn das Zeug sei keinen Pfifferling wert. Das wird sich rausstellen, hatte Eva geantwortet. Gießen und hacken, hacken und gießen, wozu den Leuten in der Gärtnerei oft die Zeit fehlte, sie hatte genug davon.
Die Sonne brennt, und die eben erblühten Nelken duften betäubend. In Evas Schürzentasche knistert der Zehnmarkschein, er fühlt sich glatt und kühl an. Und auf einmal ist die Idee da. Hat doch die fremde Frau aus dem Neubauviertel gesagt, daß nirgendwo Schnittblumen zu haben sind. Woher auch, das Angebot reicht längst nicht mehr, seit ein Wohnviertel nach dem anderen rings um die Stadt aus dem Boden schoß. Die Leute haben sich angewöhnt, Blumen ganz ohne Anlaß zu kaufen, zu verschenken oder ihren Tisch damit zu schmücken. Großzügig und verschwenderisch. Es soll sogar Männer geben, die ihren Frauen mehrmals in der Woche einen Strauß mitbringen, so was gehört heutzutage zum Leben. Und sie werden böse, wenn in den Geschäften nur leere Vasen stehen.
Eva überschlägt in Gedanken, was ihr Beet hergeben und einbringen könnte. Peter kommt ihr dazwischen. Er ist von den Ferienspielen weggelaufen, langweilig war's ihm dort, und er

hat Hunger. Peter ist immer hungrig, verschlingt Unmengen und bleibt dabei lattendürr. Eva hört nicht auf sein Gemaule. „Lauf zum Blumenladen 'rüber und frag, ob sie Nelken annehmen. Und was sie zahlen." Er murrt, zieht aber los. Sie versorgt in aller Eile den Kleinen, steckt ihn ins Bett, wärmt die Suppe vom Vortag auf und schmiert Schnitten. Schneller als erwartet ist der Große zurück. Er stürzt sich auf die Brote und berichtet kauend, was er erkundet hat. „Mutter soll gleich Sträuße zu fünf Stück machen, hat die Frau gesagt, und du kriegst für jeden eine Mark und fünfzig."
Was für eine Gelegenheit, nur jetzt keine Zeit verlieren. Nach einer Weile erscheint Peter im Garten und hilft ihr. Wenn ihm nicht gerade der Magen knurrt, ist er der beste Junge von der Welt. Das Beet scheint geradezu unerschöpflich. Es werden über hundert Sträuße; sie müssen den Handwagen nehmen.
Auf dem Rückweg vom Blumengeschäft kommen sie beim Bäcker vorbei. Eva ersteht einen Berg leckerer Kuchenstücke und nimmt auch eine Tüte Kaffee mit. In der Küche veranstalten sie ein Freßfest, das haben sie sich verdient. Der Rükken schmerzt, die Arme sind bleischwer, aber was macht das schon. Mehr als hundertfünfzig Mark in einem knappen halben Tag. An die vielen Stunden, die sie mit der Pflege der Blumen zugebracht hat, erinnert sie sich nicht mehr. Sie macht Pläne; denn was einmal geklappt hat, müßte immer gehen. Es ist aufregend, sich vorzustellen, was aus dem Garten, bei gewissen Umgestaltungen, herauszuholen wäre. Peter spielt das schöne Spiel mit.
Sie haben überhört, daß die Flurtür zuklappte. Auf einmal steht Evelyn in der Küche. Sie arbeitet in den Ferien bei der Post, den Lohn legt sie für einen Plattenspieler zurück. Mit einem Blick hat sie das Ungewöhnliche erfaßt. „Meine Güte, ihr lebt ja nicht schlecht. Ein Glück, daß Papa die Schau nicht sieht."
Eva wollte ihr nichts von der Freude dieses Tages sagen. Doch nun muß sie erklären, wie es zu dem Gelage kam und daß hier nicht etwa Wirtschaftsgeld verpraßt wird. Evelyn scheint sich

kaum dafür zu interessieren. Sie will auch nicht zugreifen. Mit ihren fünfzehn Jahren ist sie sehr auf die Figur bedacht, überhaupt aufs Äußere. Eva denkt manchmal, daß sie in diesem Alter nicht halb so eitel gewesen ist.
Die Tochter läuft ins Bad und holt ihren Bikini, der dort zum Trocknen hängt. Wütend kommt sie zurück. „Ich möchte wirklich wissen, wozu ich dich um was bitte, Mutti. Du wolltest meine weiße Hose bügeln. Wie soll ich denn jetzt zum Strand? Mit diesem lumpigen Rock vielleicht?"
„Du hast reichlich anzuziehen, es muß nicht die Hose sein." Eva denkt nicht daran, ihren Platz auf dem Sofa zu verlassen. Noch gestern hätte sie sich rasch ans Bügelbrett gestellt; heute ist sie verändert. „Plätte selbst, wenn du dir die Hose in den Kopf gesetzt hast. Alt genug bist du."
Das Erstaunliche geschieht. Evelyn mault nicht, sie sagt überhaupt kein Wort. Schultert schweigend die Badetasche und entschwindet. Aber die Flurtür knallt sie zu, daß die Wände zittern. „Blöde Gans", sagt Peter und seufzt bedauernd, weil er das letzte Stück Kuchen nicht mehr schafft.
Mitten in der Nacht wacht Eva mit der erschreckenden Gewißheit auf, daß sie etwas Wichtiges unterlassen hat. Sie grübelt angestrengt, bis es ihr einfällt. Frau Brückner, die freundliche Dame, hatte sie zur Frauenversammlung eingeladen, und sie ist nicht hingegangen. Vergessen. Sie war so schrecklich müde und hatte sich nur noch nach dem Bett gesehnt. Peinlich, aber vielleicht auch gut so. Denn sie hätte dort bestimmt nicht hingepaßt zwischen all die Frauen, die so sicher sind und so flott reden können. Besser, sie bleibt, wo sie ist, in Haus und Garten.
Willi kommt diesmal einen Tag früher. Seine Truppe hat die Zeit herausgearbeitet. Er schläft sich aus und fährt am nächsten Vormittag mit den großen Kindern ins Kaufhaus. Sie statten sich für den Urlaub aus. Eva, die in Zissendorf bleiben muß, bekommt zum Trost eine Wäschegarnitur. Abends, sie sind allein im Wohnzimmer, fängt er an, über das Nelkenbeet zu sprechen. Als ob ein Orkan darüber hingegangen wäre, so sähe es aus.

Eva ahnt etwas. Sie fragt: „Was hat dir Evelyn erzählt?"
Es stellt sich heraus, daß genau berichtet wurde, auch von der Kuchenfete. „Manchmal bist du wirklich tüchtig wie eine Biene", sagt Willi und erkundigt sich nebenbei danach, wo das Blumengeld geblieben ist. Von seinem Lob beflügelt, bringt es Eva herbei; es hat im Wäscheschrank zwischen den Bezügen gelegen. Ihre Augen strahlen. Da, bitte, sieh an, das hab' ich selbst verdient. Er nickt und wiederholt: „Tüchtig, tüchtig." Dann zieht er seine Brieftasche und verwahrt die Scheine darin.
„Aber nicht doch", stammelt sie fassungslos, und alles in ihr sträubt sich. „Das gehört mir."
„Kindchen." Willi lächelt begütigend, und sie haßt das Lächeln in diesem Augenblick und auch das alberne Wort. „Kindchen", sagt er, „Geld läßt man nicht in der Wohnung rumliegen. Ich bringe es aufs Konto. Dafür bekommst du deine Gefriertruhe dann ein bißchen eher."
Eva ist wieder auf dem Boden gelandet, kurz und hart. Gefriertruhe, denkt sie, wozu brauch ich das teure Monstrum, der Kühlschrank wird ja nicht mal richtig voll, höchstens zu Weihnachten und zu Ostern. Er hat sich das Ding in den Kopf gesetzt. Und so ist es immer, und so war es auch mit der Stereoanlage, die nutzlos anstaubt, weil wir lieber Fernsehen gucken. Wer was auf sich hält, hat jetzt eine Kühltruhe, da muß eben bei Bertrams auch so ein Gerät rumstehen. Und Strom fressen. Alles für die Leute, nichts für mich.
„Du bist einverstanden, selbstverständlich bist du das", sagt Willi. „Und nun hör mir gut zu. Ich hab' dir im Garten freie Hand gelassen, aber dieser Nelkenverkauf war das letzte. So was passiert nie wieder. Hast du mich verstanden?"
„Nein", entgegnet Eva, bebend vor Erbitterung. „Nein, nein."
„Natürlich. Das Einfachste ist dir, wie üblich, zu hoch. Du bildest dir ein, daß du was geleistet hast, in gewisser Weise stimmt das sogar: Mich hast du blamiert bis auf die Knochen, uns alle hast du bloßgestellt."
Seine Stimme schwillt an, gleich wird sie die Lautstärke errei-

chen, die Eva am meisten fürchtet. „Alle Welt kann sich den Mund über uns zerreißen. Der Bertram, wird es heißen, sorgt so schlecht für seine Familie, daß die Frau auf solchen Schacher verfällt. In Grund und Boden schäme ich mich für deine Dummheit. Siehst du das ein? Tut es dir wenigstens leid, was du angerichtet hast?"

Nichts sieht Eva ein, alles, was er ihr vorwirft, geht gegen ihr Gefühl. Doch darüber schweigt sie lieber. Auch um klein beizugeben, ist es zu spät. Sie hat ihre Erfahrungen mit dem Mann. Jedes Wort, selbst das kleinste, wäre nur Öl ins Feuer, neue Nahrung für seine aufbrausende Wut. Sie verschränkt die Arme vor der Brust, um das Zittern, das sie überfallen hat, zu unterdrücken. „Schrei nicht so. Du weckst noch den Kleinen auf."

Er bezähmt sich einen Moment, doch gleich reißt es ihn wieder fort. „Du willst nicht. Auch gut. Aber ich werde nicht mit ansehen, daß du die Kinder vernachlässigst. Evelyn, das arme Ding, hat fast geweint. Du hast ja nicht mal Zeit, ein einziges Stück zu plätten, du mußt Grünzeug verhökern. Hirnverbrannt."

Leise steht Eva auf, und ebenso behutsam schließt sie die Tür hinter sich. Im Schlafzimmer brennt eine Nachttischlampe, sie beleuchtet den ruhig schlafenden Michael. Bevor Eva sich niederlegt, holt sie den Kleinen in ihr Bett. An den warmen Kinderkörper geschmiegt, beruhigt sie sich langsam.

Ein bißchen Erkenntnis

Das mit den hundertfünfzig Mark hab' ich lange nicht verwunden. Ich war gekränkt, aber ich war auch verrückt aufs Geld, verrückt auf jeden Groschen. Das ist so gewesen, denk' ich mir, weil ich niemals was in der Hand hatte. Ein wenig Veranlagung muß aber auch dabeisein. Andere, in ihrer Not, drehen den Gashahn auf oder nehmen eine Packung Schlaftabletten. Das ist mir mal flüchtig durch den Kopf gegangen. Ernstlich habe ich nie dran gedacht. – Ich habe gestohlen.

Und es fiel mir nicht schwer.
Von wem ich das wohl habe? Mutter war immer knapp bei Kasse. Vaters Lohn und ihrer sind meistens schon ein paar Tage vor der nächsten Zahlung alle gewesen. Dann war das Weggelegte dran. Mutter hielt Hühner und verkaufte die Eier. Das Geld davon kam in eine alte Tasse im Küchenschrank. Es sollte für den Notfall sein, bloß Notfall war bei uns jede Woche. Mutter saß am Tisch und zählte die Eierpfennige. Wie der Küchenschrank aussah, weiß ich nicht mehr, aber an die Tasse kann ich mich noch gut erinnern. Eine schöne Tasse, mit blauen Veilchen bemalt, nur der Henkel war ab. Wir waren armselig dran, es reichte nicht vorn und nicht hinten. Aber an fremdes Geld, glaub' ich, hat Mutter niemals gedacht.
Mutter. Wenn sie wüßte, wohin ich gekommen bin. Hinter Gitter und eiserne Türen, ein böses Weib unter lauter bösen Weibern. Ausgesperrt von der Welt. Und draußen ist Sommer.
Die Schwarze holt einen neuen Wäschesack. Sie hat wieder ihre Wut und schüttet den Beutel so aus, daß mir das schmutzige Zeug fast um die Ohren fliegt. Und der Geruch nach Schweiß und Kalk. Baustellenwäsche ist das, da kenn' ich mich inzwischen aus. Früher war ich beim Sortieren mit Karin zusammen. Die Frohwein hat uns getrennt, weil wir miteinander schwatzten. Wären wir lieber still gewesen, dann hätt' ich jetzt nicht die Schwarze auf dem Hals. Unausstehlich ist sie und schlampig. Sie nimmt ein dunkles Frottiertuch, Grubenhandtücher heißen die, und schmeißt es zu der weißen Wäsche. Es wird ausfärben und die hellen Sachen verderben. Aber soll sie, wenn es ihr Laune macht. Mich geht es nichts an, meine Wäsche ist's nicht. Und wir haben unser Pensum, da muß man sich ranhalten.
Wenn ich mir Mühe gebe, bin ich hier die Schnellste. Flinke Augen und flinke Hände, in der Anstalt sind sie zu vernünftiger Arbeit nütze. Vor einem halben Jahr noch haben sie mir zu Schlechtem verholfen. Damals, als ich Tag für Tag in einem Laden stand, so tat, als ob ich etwas Bestimmtes suchte,

und Ausschau hielt. Mein Opfer – Opfer muß man wohl sagen – war schon drin oder trat nach mir durch die Tür. Vorweihnachtszeit, alle Leute waren in Eile, hatten vielleicht schon vergeblich in anderen Geschäften gefragt und achteten nicht auf ihre Taschen. Die ruhigen und alle, die geradewegs auf ihr Ziel losgingen, hab' ich mir nie vorgenommen. Ich wartete auf die nervösen oder auf die Sorte, die sich endlos lange nicht entschließen kann. So eine erschien bestimmt. Ich stellte mich einfach neben sie, wie zufällig meine Einkaufstasche neben ihre. Und sah sofort, das Portemonnaie lag zum Greifen nahe, oder das Seitenfach beulte sich, dort steckte es drin. Jetzt ein Gespräch anfangen, der Frau raten, welche Jacke eleganter, wärmer oder von besserer Qualität sein könnte. Und scharf aufpassen, ob sie anspringt. Fast alle sind drauf eingegangen. Sie liefen los, kamen zurück, probierten an, und ich sagte meine Meinung dazu – die fremde Geldbörse war längst in meiner Tasche.
Ein aufregendes Spiel? Ich weiß nicht. Oft war's fast lächerlich, wie leicht sich so eine Kundin von mir dirigieren ließ. Und keine hat mir was angemerkt. Wenn's drauf ankommt, habe ich meine Stimme und mein Gesicht in der Gewalt. Das hab' ich in der Ehe gelernt. Ich bin damit manchem Krach mit Willi aus dem Weg gegangen; er konnte mir keine Szene machen, auch wenn er es gewollt hätte. Gleichgültig erscheinen, vielleicht sogar lächeln, das Innere verbergen. So war ich.
Die Schwarze rollt die nächsten Wäschesäcke heran und will das Sortierte wegschieben. Das Grubenhandtuch liegt noch dort, fast verdeckt von einem Berg weißer Stücke. Keine außer mir hat's bemerkt, die Bescherung sieht man erst hinterher beim Mangeln. Nein, ich kann das nicht dulden. Ich geh' hin und zerre das Handtuch zwischen Laken und Bezügen vor, pack' es dorthin, wohin es gehört. Die Schwarze tritt mir dafür gegen das Schienbein. Es tut nicht sehr weh, weil mir der Kopf viel mehr schmerzt. Was für eine schreckliche Hitze. Sie haben die Fensterklappen aufgemacht, aber von draußen kommt auch nur Glut herein. Wenn bloß bald ein Gewitter aufzöge.

Wir sortieren und sortieren, und ich passe jetzt auf die Schwarze auf. Sie hat schon wieder so einen dunklen Fetzen in der Hand. Und sie zögert, spielt mit dem gleichen Gedanken wie vorhin. Sie sieht mich an, und ich sehe sie an. Wir starren uns in die Augen, ich weiß nicht, wie lange das dauert. Und dann traut sie sich nicht. Sie hat begriffen, daß sie nicht gegen mich ankommt. Aber sie wird's mir nicht vergessen, ich werde mich vorsehen müssen. An irgend etwas oder irgendwem muß sie ja ihre Wut auslassen.

Mir geht's anders. Ich bin froh, daß die schlimme Zeit vorbei ist. Der Trieb in mir ist tot, abgestorben. Was es war, darauf hat mich erst die Schwarze richtig gebracht. Es ist auch Wut gewesen, der ich freien Lauf gelassen habe.

Wut oder Haß. Ich kann das schwer auseinanderhalten. Ich entsinn' mich nur noch, wann's mich am ärgsten packte. Als diese Schauspielerin ins Kinderkaufhaus kam, Annerose Thomas, die berühmte Thomas, da war's. Wie sie schon eintrat, eine Königin, hier bin ich. Sie sah nicht so schön aus wie im Fernsehen, erkannt hab' ich sie aber gleich. Sie lief auch nicht wie die meisten, sie schritt an den Kleiderständern entlang, als nähme sie eine Parade ab. Der Preis, sagte sie zur Verkäuferin, ist uninteressant, ich suche etwas Apartes. Den Satz vergeß' ich nicht, denn in diesem Moment würgte es mich im Hals. Was war das für ein Gefühl? Auch jetzt, wo ich nur dran denke, ist es wieder da.

Es muß der Neid sein. All die Jahre bin ich neidisch gewesen, neidisch auf viele Frauen. Auf die Mädchen in der Gärtnerei, auf die Verkäuferin im Bäckerladen, auf die Straßenbahnfahrerin, ja auch auf die alte Jungfer hinterm Postschalter. Anderen Frauen hab' ich ihr Leben mißgönnt, immer nur den Frauen. Vielleicht hab' ich deswegen nie Männer bestohlen. Es war Neid.

Aber so furchtbar gepackt hat's mich erst bei der Thomas. Warte, dachte ich, warte, dir zahle ich's heim, du sollst auch mal wissen, wie das ist, mit leeren Händen dazustehen, nicht wissen, was tun. So was hab' ich gedacht, so was Gemeines. Der Dreh mit dem Anorak, den ich ihrer Kleinen anprobierte,

der Griff in die offene Tasche, es hat mir Spaß gemacht. Keine Sekunde hab' ich gezittert, nur in mich hineingelacht, weil sie nichts merkte.
Es hat mir dann auch nichts ausgemacht, daß in der Brieftasche kein Geld war. Ich stand im Hausflur neben dem Fischladen und sah durch einen Spalt in der Tür. Sah, wie die Thomas zu ihrem Auto rannte und darin herumsuchte. Da war sie keine Dame mehr. Nur ein Haufen Aufregung und Schreck, so ist sie ins Kaufhaus zurückgestürzt. Das hatte ich mal sehen wollen, echt, nicht in einem Fernsehfilm. Und ich zerfetzte das Scheckheft und den Führerschein, ehe ich alles in die Mülltonne im Flur stopfte. Ohne Scheck und Auto, dachte ich, bist du geplatzt, Frau Thomas, ohne Scheck und Auto ist auch ein Star nur ein kleines Licht.
O Gott, wie entsetzlich. Und was hab' ich davon gehabt? Eine häßliche, niederträchtige Freude ein paar Stunden lang. Weil ich's ihr gezeigt hatte, weil sie gestraft war, die Thomas. Strafe... wofür? Sie hatte mir doch nichts getan. Niemand von denen, die ich bestohlen habe, hat mir was getan, keine ist schlecht zu mir gewesen. Ich war neidisch auf ihre Arbeit, weil sie was darstellen und was vollbringen und nicht um jede Strumpfhose bitten müssen, weil sie miteinander lachen können und stets was zu reden haben, während ich immer allein war. Ich hab' sie gehaßt, die anderen Frauen, aber das weiß ich erst jetzt. Denn vorher hab' ich mir eingebildet, daß es mir besser geht als ihnen. Willi hat es mir ja immer und immer wieder vorgehalten: Sei froh, daß du versorgt bist und ein schönes Leben hast.
Willi... Nein, er hat jetzt nichts in meinem Kopf zu suchen. Einmal muß ich wirklich ich selber sein. Auch wenn es mich bange macht. Tag um Tag, Jahr für Jahr hat er mich geschoben und bugsiert, wie er wollte. Hier kann er's nicht.
Ich darf mir nichts mehr einreden lassen gegen meinen Willen. Nicht alles, was sich gut anhört, ist wirklich gut. Auch Karin kann sich schön ausdrücken. Und sie redet wie mit Engelszungen, daß ich um Willi kämpfen soll. Sie glaubt, ich hätte zu Hause den Himmel auf Erden, nur weil da eine Familie ist.

Sie war immer allein – nichts kann sie sich vorstellen. In ihren Augen bin ich dumm und muß belehrt werden. Sie braucht jemand, den sie kritisieren und loben, eben erziehen kann. Und hat hier nur mich. Aber ich will nicht mehr, und ich kann auch nicht mehr.
Die Schwarze stößt mich an und zeigt auf eine neue Palette mit Wäschesäcken. Diesmal bin ich dran. Die Schwarze grinst. Ja doch, ich geh' ja schon.

Beate Frohwein

Achtzehn Jahre ist sie im Dienst, und manchmal hat sie ihn entsetzlich satt. Alles, was ihr begegnet, ist ausgeprägter als anderswo: Dummheit und Selbstgefälligkeit, Verzweiflung, Lügen, Kriechertum und Widersetzlichkeit. Da sind die Tage, an denen schon am Morgen etwas in der Luft liegt. Meistens entlädt es sich erst viel später als Krawall, als hysterischer Zusammenbruch oder nur als Häftlingszwist. Doch er hält sie auch fest, der Umgang mit den Verirrten und Gestrauchelten, die Hoffnung, daß sich einige fangen oder wenigstens besinnen. Sie hat eingreifen gelernt, unerbittlich, und sich durchzusetzen, aber sie versucht auch zu helfen. Obwohl ihr da enge Grenzen gesetzt sind. Doch jetzt, morgen oder übermorgen, kann sie es vielleicht. Wenn sie sich nicht verrannt hat.
Entlassungen stehen bevor. Zu den Strafgefangenen, die bald die Anstalt verlassen, gehört auch die Leiterin einer Brigade. Eine Frau in gesetzten Jahren, ruhig und bedacht. Ihr ganzes Leben war sie genau und verläßlich gewesen. Bis sie an der Liebe scheiterte, der Affenliebe zum einzigen Sohn. Um ihn mit einem Auto an sich zu binden, griff sie in die Kasse und fälschte Inventurlisten. In der Haft war sie untadelig. Nun geht sie und muß ersetzt werden.
Als Nachfolgerin stand eigentlich nur eine zur Debatte: Karin Schneider, die Kindesentführerin. Sie ist korrekt und gescheit und hält den nötigen Abstand zu den Gefangenen, die auch in der Haft kriminell sind und es wahrscheinlich bleiben werden.

Die einfachste Lösung, zugegeben, doch Beate Frohwein hat sie nicht gefallen. Die Schneider ist ihr für diese Aufgabe und das Niveau der meisten Häftlinge ein bißchen zu intellektuell, und sie zeigt zu deutlich ihre Abneigung gegen die Wäscherei. Wer helfen soll, auf Sauberkeit, Tempo und Disziplin zu achten, müßte selbst ein wenig Befriedigung in der Arbeit finden. Beate Frohwein hat einen Gegenvorschlag gemacht: die Strafgefangene Bertram.

Und sie ist bei ihrer Leitung auf heftigen Widerstand gestoßen. Ausgerechnet die Bertram, die kaum Kontakt findet, hysterische Anfälle markiert, Antworten verweigert, stumpf schweigt, an der sich sogar Psychologen die Zähne ausbeißen. Lachhaft. Und überhaupt. Die Bertram würde, falls sie den Mund auftäte, das Angebot glatt ablehnen. Ob sie, die Genossin Oberwachtmeister, daran gedacht hätte, wer wohl zuerst die Folgen eines derartigen Risikos zu spüren bekäme? „Natürlich ich", hat Beate Frohwein gesagt. „Ich nehm's auf mich und bin auch bereit, mit der Bertram zu reden." Das hat gewirkt. Zu lange steht sie auf ihrem Posten, als daß man ihre Meinung übergehen könnte. Sie dürfe es versuchen, wenn sie an Wunder glaube, bitte schön. Man würde sehen.

Bedenken sind ihr bald gekommen. Vielleicht bin ich wirklich ein blödes Huhn, denkt sie, als sie ihren Schrank abschließt und mit dem Kamm noch mal durch die Haare fährt. Vielleicht handele ich mir nur Scherereien ein. Immer feste mit dem Kopf durch die Wand. Habe ich das nötig?

Aber die Übertreibungen haben mich gereizt und die Verallgemeinerungen. Hysterische Anfälle! Die Bertram hatte nur einen, und der war echt, wenn ich auch bis heute nicht durchblicke, woher er rührte. Und Psychologen, die sich an ihr die Zähne ausgebissen haben? Als ob die hier massenweise rumliefen. Außer unserer Fürsorgerin hat sich keiner mit ihr unterhalten. Da bin ich innerlich auf die Palme gegangen, na ja. Habe mich provozieren lassen. Aber das war's nicht allein. Weiß Gott, was ich an der Bertram finde. Ich habe einfach so ein Gefühl, daß sie was braucht, woran sie sich hochziehen kann. Warum, darüber sollte ich nachdenken. Heute noch,

sonst fehlen mir die Argumente.
Auf dem Heimweg gerät Beate Frohwein ins Gewitter. Seit Mittag hing es in der Luft, und nun, da kein Mensch mehr damit rechnet, entlädt es sich. Bläuliche Flächenblitze jagen über den Himmel, und aus den Wolken stürzt es fast senkrecht herab. Da hilft kein Regenmantel, da hilft gar nichts. Im Bushäuschen drängeln sich die Wartenden. Witzlos, sich dazuzuquetschen. Sie läßt den Pulk hinter sich und geht zu Fuß. Den ganzen langen Weg bis nach Hause. Sie spürt die Tropfen übers Gesicht rinnen, atmet die Kühle und fühlt sich leichter und freier werden. Von Kindheit an ist sie gern durchs Unwetter gelaufen. Wenn sie sich mal was Verrücktes wünschen dürfte, dann das: splitternackt im Regen über eine Sommerwiese zu tanzen. Wasser von oben, von unten, von allen Seiten. Irre.
Daheim angekommen, findet sie eine leere Wohnung. Auf dem Küchentisch zwei Zettel. Auf dem ersten, der von einer Schachtel Marzipankonfekt halb verdeckt ist, teilt ihr Mann mit, daß er auf Fernfahrt gegangen ist. Rückkehr ungewiß. Auf dem zweiten sitzt der Plüschigel von Tochter Gabi. Wenige Sätze in eiliger Schrift: Habe eingekauft und bin in den Klub. Abgewaschen ist. Schlaf schön, und mach' dir keine Sorgen. Natürlich macht sie sich welche. Das Mädel rennt ihr mit seinen fünfzehn Jahren zu oft in die Disko.
Geduscht und in den Bademantel gewickelt – es wird hoffentlich keiner mehr klingeln –, setzt sie sich ins Wohnzimmer. Das Konfekt hat sie mitgenommen und den eisernen Vorsatz, zwei, höchstens drei Stück zu essen. Furchtbar, so ist das immer. Kurt lästert über ihre Hüften, schenkt ihr aber regelmäßig Süßigkeiten. Wie sie dabei abnehmen soll, ist schon keine Frage mehr.
Das Radio dudelt leise, gerade so, daß es nicht stört, und sie ist jetzt ganz froh, allein zu sein. Sie knipst das Licht bis auf die Stehlampe aus und kuschelt sich in den Sessel. – Also, die Bertram, was finde ich an ihr?
Als sie eingeliefert wurde, ein einziges Stück Unglück. Dazu ekelhaft unterwürfig gegenüber jedermann. Sie weckte den

Aggressionstrieb, schlechte Instinkte. Wer Lust bekam, Dampf abzublasen, und solche haben wir immer reichlich, der ließ sich an ihr aus, im Waschraum, an der Essenausgabe, alles bekommt man da gar nicht mit. Ich dachte, sie spielt die Unterwürfige, bis ich merkte, sie kann nicht anders.
Damals konnte sie noch nicht anders.
Und dann die Briefe. Unmengen bekritzeltes Papier und niemals was abgeschickt. Nachts heulte sie, heulte und schniefte zum Schlechtwerden. Der Schneider wird das zuviel geworden sein, oder was weiß ich, warum sich die beiden auf einmal zusammengetan haben. Dazwischengefunkt habe ich nicht, bewußt nicht. Weil das keine Kumpanei ist, wo was ausgeheckt wird für später. Die Schneider ist auf einer bestimmten Strecke labil, aber potentiell anfällig, das ist sie nicht. Nur ein bißchen unverständlich. Mir jedenfalls. Die Bertram reagiert anscheinend anders. Jedenfalls heult sie nicht mehr, und das Geschreibsel hat auch aufgehört.
Ein paar von den Briefanfängen hab' ich mir angesehen. Nichts als Fragmente: Mein lieber Willi, nun ist es Frühling geworden, und hier im Hof blühen die Forsythien. Forsythien mit „V" wie Vorsatz und mit „Z". Mein lieber Willi, ich bin an allem schuld und habe dich in Schande gebracht ... Mein lieber Willi ... Sagenhaft. Man müßte den Kerl mal zu Gesicht bekommen und sich ein Bild von ihm machen können. Was mag das für einer sein? Warum kümmert er sich nicht um sie, warum ist er noch nicht einmal zu Besuch gekommen? Die Scheidung hat er auch nicht eingereicht, trennen will er sich nicht. Was will er dann, wie denkt er sich das weiter?
Wenn ich mir vorstelle, daß ich abgerutscht wäre, so oder anders ... Ist natürlich Quatsch, großer Quatsch, aber spielen kann man ja mal mit dem Gedanken. Für Gabi möchte ich nicht garantieren, daß sie sich zu einer Mutter bekennt, die brummt, daß sie die Kraft dazu aufbrächte. Aber Kurt würde mich nicht verlassen, der nicht. Ach was, er ließe es gar nicht erst soweit kommen. Weil er fühlen würde, wenn etwas mit mir nicht in Ordnung wäre. Er fühlt ja schon meine kleinen Probleme; Ärger und Freude, alles merkt er mir an. Und ich

spüre, daß er's spürt, ohne daß wir groß darüber reden.
Die Bertram hat gemaust wie eine Elster, und der liebe Willi will nichts davon gewußt haben. Hat er ausgesagt. Möglich, daß es sogar stimmt. Und wenn es stimmt, ist ihm noch viel mehr entgangen. Einfach gar nichts hat er von seiner Frau gewußt. Daß es das gibt nach so vielen Ehejahren? Schwer zu begreifen, aber selbstverständlich gibt's das noch die Masse. Bei den meisten, die in unserem Haus sitzen, ist die Ehe keine Ehe und die ganze Familie so oder so angeknackst. Nur daß es nicht immer so offen auf der Hand liegt wie bei der Bertram.
Unsinn. Nichts liegt offen. Sie war gestört und ist es immer noch, und ich suche Erklärungen. Zum Beispiel für diese Geschichte mit der Psychologin. Die versteht sonst, mit Menschen umzugehen, einwandfrei versteht sie es, sich ranzutasten und aus den Frauen herauszulocken, wo sie der Schuh drückt. Gespräch mit dem Ziel der Wiedereingliederung heißt das. Wiedereingliederung ist kein gutes Wort. Neubeginn wäre besser. Aber das sagt auch nicht genug aus. Zurück wohin, beginnen womit? Sehr oft ist es das alte Lotterleben, trotz aller Mühe, die wir uns geben, trotz aller guten Vorsätze. Hohe und heilige Versprechen geben sie fast alle ab.
Schall und Rauch und Illusion.
Aus der Bertram ist gar nichts rausgekommen, kein Vorsatz, keine noch so vage Vorstellung, keine Silbe. Die Fürsorgerin hat gegen runtergelassene Jalousien geredet, geschlagene dreißig Minuten. Die Geduld ist ihr gerissen, kein Wunder, mir wäre auch der Kragen geplatzt. Angeherrscht hat sie die sture Person, was sie verflixt noch mal eigentlich wolle. Und dann kam der Hammer. Hier will ich bleiben, hat die Bertram gesagt, ich möchte am liebsten hier bleiben. – Eine einmalige Antwort, dachte ich damals. Und sie paßt zur Charakteristik: geistig abgestumpft, träge bis zur völligen Gleichgültigkeit.
Beate Frohwein steht auf und schaltet das Radio ab. In den Beinen spürt sie die Müdigkeit des Tages. Sie rückt einen zweiten Sessel heran und legt die Füße hoch. Greift nach einem Stück Konfekt, läßt es auf der Zunge schmelzen und

denkt: Falsch war das, grundfalsch. Die Bertram ist nicht dumm und träge, die Bertram hat Angst vor der Freiheit oder vor sich selbst. Sie will bleiben, weil sie sich im Gefängnis sicher fühlt. Nichts anderes. Und man muß sich das mal vor Augen führen. In aller Konsequenz. Sie fühlt sich geborgen und gut bei uns, trotz Enge, vergitterten Fenstern und Zwängen auf Schritt und Tritt ... Sie hat sich sogar erholt. Ich hab' schließlich Augen, so etwas zu sehen. Grau und zerknautscht wie ein Scheuerlappen bei der Einlieferung; jetzt hat sie Farbe und wird glatter mit jedem Tag. Die Haftanstalt als Genesungskur. Was muß da vorher gewesen sein? Woher ist sie gekommen? Doch nicht aus der Hölle?
Aber die Angst ist da. Wovor? Vor der Einsamkeit, vor Rückfälligkeit, vor dem Mann? Mir fehlt die Kenntnis, warum sie gestohlen hat, und sie soll auch keine Gründe angegeben haben. Die Vergehen gestanden, aber keinen Anlaß genannt. Und da liegt der Hund begraben. Irgendwo im häuslichen, im privaten Bereich. Sie hat Kinder, große schon, nicht nur den lieben Willi. Die Tochter heißt Evelyn und ist verlobt. Für sie hat sie den Wandbehang mit den Sonnenblumen gemacht. Mit Liebe und Geduld, nicht nur so nebenbei. Fleißige Hände und geschickte. Alles andere als liederlich. Das hat mir ja von Anfang an gefallen: Sie ist ordentlich. Sauber und emsig. Eigentlich gar nicht so lebensuntüchtig. Nur hilflos.
Aber heute habe ich sie getestet, ich mußte es tun, wenn ich was beweisen will. Schikane wird sie gedacht haben und daß ich ihr die Freundschaft nicht gönne. Sie und die Schneider waren wie eine Oase in der Wüste, abgeschlossen für sich und unempfindlich gegen Staub und Stürme. Ich habe die Insel auseinandergerissen. Unerwartet und brutal. Und die Bertram in der Sortiererei mit der Kalmann zusammengetan. Die schwarze Kalmann ist ein Miststück mit Phantasie. Man müßte die Augen einer Fliege haben, um die Hälfte dessen zu bemerken, was sie ausheckt. Und sie haßt die Bertram. Mal sehen, was passiert, dachte ich. Gar nichts ist passiert. Und das ist eine ganze Menge. Die Kalmann hat versucht, färbende Wäsche unter die weiße zu schmuggeln, und die Bertram hat's

verhindert. Schweigend, nur mit ihrem Tun und mit Blicken. Die schwarze Kalmann hat pariert, das heißt, alles läßt sich die Bertram nicht mehr gefallen.
Schön und gut, aber mach' ich mir nicht zuviel Hoffnungen? Sauber, fleißig, ein Fünkchen Energie, du lieber Himmel, reicht das etwa, der Frau Verantwortung zu geben, auch nur eine ganz kleine? Und wenn sie mich aufs Kreuz legt? Nichts sehen und hören will und aus Feigheit bei den Arbeitsbesprechungen keinen Piep rausbringt? Neunzig zu zehn, daß es so kommt, und ich bin blamiert. Lohnt sich der Aufwand?
Mühe und Anstrengung um einen Menschen sind nie verloren, das höre ich andauernd, gerade bei meiner Arbeit. Stimmt, wo wären wir sonst, wenn wir nicht so dächten. Nur vom Risiko war und ist kaum mal die Rede. Das Risiko wird vornehm ausgespart, aber es ist da. Und ich will keine Niederlage. Ich habe keine Lust, mich wegen der Bertram bloßzustellen.
Draußen schnappt ein Schloß, die Wohnungstür fällt zu. Beate Frohwein schrickt auf und sieht, die Zeiger der Wanduhr nähern sich Mitternacht. Tochter Gabi, die ins Zimmer schlendert, weiß das sehr gut. Auf Vorwürfe gefaßt, greift sie an. „Mann, Mutsch“, sagte sie und weist demonstrativ auf die leere Konfektschachtel, „das wedelt mich mal wieder um. Kannst du dir denn nie was verkneifen?“
Die Mutter macht eine unwillig abwehrende Bewegung. „Sieh zu, daß du ins Bett kommst. Und laß mich. Ich hab' ein Problem.“

Die Bertram sitzt ihr am nächsten Tag gegenüber wie ein Schulkind der Unterstufe, die Hände auf den Knien gefaltet, mit den Augen einen festen Punkt an der kahlen Wand suchend. Der Ausdruck böser Ahnung auf ihrem Gesicht weicht Bestürzung und geht in fassungsloses Staunen über. Beate Frohwein tut, als bemerke sie es nicht. Ihre Stimme ist klar und kühl. Nur keine Sentimentalitäten, keine weichen Töne, Angesicht in Angesicht mit einem Häftling. Sachlich legt sie die Pflichten der Brigadierin dar, die geringen Rechte und

noch geringeren Vorteile, etwa was die Entlohnung betrifft. Beim Begriff Geld zucken die Mundwinkel der Gefangenen. Dann senkt sie die Lider und schweigt, wie sie immer geschwiegen hat. Aus, denkt Beate Frohwein, der Vorhang ist gefallen, aus und vorbei. Ich hätte es voraussehen müssen.
Dennoch wartet sie. Die Zeit tickt, und nichts geschieht. Oder doch, und es ist nur eine Winzigkeit. Die Bertram faßt nach einer Haarsträhne über dem rechten Ohr und dreht sie endlos um den Finger. Das nervöse Gefummel erinnert Beate Frohwein an die Tochter. Als Gabi klein war, hatte sie auch die Angewohnheit, aus Verlegenheit oder Unsicherheit ihr Haar zu zwirnen. Sie tut es immer noch, wenn sie mit etwas nicht fertig wird. Die Bertram kommt auch nicht klar, es arbeitet in ihr. Plötzlich läßt sie die Strähne los. „Ich möchte schon", sagt sie. „Aber ich bring' das doch nicht. Und warum gerade ich?"
„Weil wir überzeugt sind, daß Sie es ganz bestimmt schaffen."
Wenigstens redet sie, denkt Beate Frohwein, immerhin ein Fortschritt. Nur jetzt nicht lockerlassen. „Sie haben schon einiges bewiesen, Strafgefangene. Ihr Einsatz und Ihre Ordnungsliebe werden geschätzt. Oder wissen Sie das nicht?"
„Aber . . ." Die Bertram wird rot, und wieder wirkt sie wie ein Schulmädel, das unerwartetes Lob geerntet hat. Nur die grämliche Falte über der Nasenwurzel paßt nicht dazu. „Die Schwarze", stößt sie hervor. „Wenn die Schwarze nicht wär'."
„Die Strafgefangene Kalmann kann ich Ihnen nicht abnehmen. Und die haben Sie doch schon im Griff. Gut sogar, gestern konnte ich es sehen. Außerdem, wir sind auch noch da."
Stille, keine Antwort. Draußen auf dem Gang sind Schritte, eine barsche Stimme ordnet etwas an, das Eisengitter rasselt. Eva Bertram schaut auf ihre Hände und knetet die Finger mit den kurzen Nägeln. Zu lange, findet Beate Frohwein, und der Rücken ist zu krumm. Und da vergißt sie den strengen Ton und die Anrede, zu der sie verpflichtet ist. „Ich will Ihnen doch helfen, Frau Bertram. Wir sind ungefähr im gleichen Alter, und wir haben noch 'ne Menge vor uns. Was soll das mit

Ihnen werden, wenn sie nicht endlich aufhören, sich zu fürchten?" Und danach, als auch das keine Reaktion hervorruft, rauh und hart: „Sie müssen 'raus aus Ihrem Käfig. Jetzt."
Es scheint, als ducke sich die Gefangene noch tiefer zusammen. Ich hab's nicht getroffen, denkt Beate Frohwein, sie ist zu sehr verschüttet, zu tief. Doch eben rückt sich die Bertram zurecht und richtet sich auf. Ihre Augen sind voller Zweifel, aber auch voller Hoffnung.
„Ich will's versuchen", sagt sie. „Wenigstens einmal. Nämlich, das mit dem Käfig hat mir schon mal einer gesagt. Ich glaub', er hatte recht. Bloß ich wollte nicht darauf hören."

Viertes Erinnern: Die Versuchung

Es ist an einem Tag gewesen, an dem sie sich jung fühlte. Nicht so erschlagen und ausgehöhlt vom ewigen Einerlei: Küche, Kinder, Kuschen. Der Himmel ist durchsichtig blau, wie er nur im Herbst sein kann, und unendlich hoch. Es geht sich leicht unter einem solchen Himmel. Zwei Steinmetze, die an der Museumsmauer herumpusseln, pfeifen hinter Eva her. Sie weiß, es ist wegen ihrer hübschen Beine, und lacht in sich hinein.
Die Stadt gefällt ihr ausnehmend gut. Sie ist größer geworden mit den Jahren und schöner. Auch die alten Häuser sind aufgelebt, seit sie neue Fassaden bekamen. Der Fischbrunnen am Untermarkt spuckt aus allen Mäulern, mitten im Schwanenteich erhebt sich eine Fontäne, und im Park leuchten Blumenrabatten. Eva, die selten ins Zentrum kommt, sieht das alles zum erstenmal bewußt. Und sie kann es genießen, weil sie nichts weiter tut als bummeln.
Vor einer Stunde hat sie Michael ins Krankenhaus gebracht. Die Rachenmandeln müssen ihm herausgenommen werden; er röchelte im Schlaf und war oft erkältet. Der Junge ist in guten Händen, hofft sie, und in Zissendorf wartet niemand auf sie. – Evelyn hat ausgelernt und eine schöne Stellung gefunden, im

Kunstgewerbegeschäft, schräg gegenüber vom Rathaus. Sie kommt nur noch zum Essen und Schlafen nach Hause und selbst das nicht immer. Peter wandert irgendwo im Harz herum, er ist mit seiner Klasse auf Ferienfahrt. Und Willi arbeitet auf Außenmontage, eine Großmolkerei wird gebaut, das dauert seine Zeit.

Vom Schlendern müde geworden, setzt sich Eva auf eine Bank im Park. Die Oktobersonne flimmert auf dem mit Herbstblättern bedeckten Rasen. Eine Weile betrachtet Eva die Passanten auf dem Hauptweg, dann sieht sie einer Meute Spatzen zu, die sich um einen Brotbrocken balgen. Die Vögel schwirren davon, als ein Knirps seinen Ball über den Rasen treibt.

Auf dem Hauptweg kommt ein Mann daher. Mit weit ausgreifenden Schritten, das Haar verstrubbelt, die Jacke offen, und der Binder flattert im Wind. Jäh springt ihr das Herz in den Hals. Sie wendet den Kopf schnell weg, beugt sich über die Lehne, als suche sie etwas. Zu spät, er hat sie schon erkannt. Mit ein paar Schritten springt er über den Rasen. „Ich denk', das darf nicht wahr sein. Eva . . ."

Hanne Migalla, der Schlosser von der MTS in Kleskow. Er hat sich kaum verändert, nur ein paar Falten um den Mund, aber die sind tief. Und dann seine Kleidung, sie wirkt fremdländisch, nicht wie im Konsum gekauft. „Menschenskind, ich hätte nicht erwartet, dich noch mal zu sehen. Wie geht's dir, was machst du so?" Er läßt sich neben Eva auf die Bank fallen und mustert sie ungeniert von Kopf bis Fuß.

Sie hat die Begegnung gefürchtet, geglaubt, er wäre noch böse wegen damals. Dabei liegt das eine Ewigkeit zurück, zwanzig Jahre oder mehr. Kindereien, über die man heute nur lachen kann. Doch das Herz klopft weiter. Gut ginge es ihr, antwortet sie, schon lange sei sie verheiratet und habe zwei Jungen und eine große Tochter.

„Drei Kinder", staunt er. „Weiß Gott, darum könnte ich dich beneiden. Und überhaupt. Du schaust immer noch blendend aus, und wenn ich nicht so vernünftig verheiratet wäre . . . Wir haben keine Kinder, Anja und ich, und ich tauge auch nicht zum Vater." Er erzählt, daß er seit Jahren unterwegs ist, oft

viele Monate im Ausland, zur Zeit leitet er einen Abschnitt beim Bau eines Kraftwerks in Angola. Zu Hause ist er nur im Urlaub wie gerade eben.
Angola liegt in Afrika, das weiß sie, und daß es sehr weit bis dorthin ist, so weit, daß man es sich kaum vorstellen kann. Es ist heiß in diesen Ländern, die Arbeit muß schwer sein, nur ganz Gesunde und Kräftige halten sie aus. Willi hatte sich auch mal beworben, er wurde abgewiesen, er war schon zu alt. Und dazu die lange Trennung. „Da verdienst du wohl schönes Geld, aber was sagt deine Frau?"
Er lacht. „Anja kann nicht viel sagen. Sie ist Operationsschwester auf der Unfallstation, auch kein Genuß für einen Ehemann. Aber jetzt, wenn ich zurückfahre, kommt sie mit." Er spricht von einem Bungalow, den sie bewohnen würden, am Rande des Regenwaldes; von einem Koch, der ausgezeichnete Fischgerichte zubereitet, von Kokospalmen und seltenen Vögeln. Es ist eine fremde Welt, die sich auftut, abenteuerlich und geheimnisvoll, doch Eva hört nur halb zu. Sie versucht sich Hannes Frau vorzustellen, diese Anja, die so selbstverständlich mit ihm fliegen wird, keine Angst hat vor der Reise und dem unbekannten Leben. Flugzeuge hab' ich mein Lebtag nur am Himmel gesehen, denkt sie. Und: Wenn ich damals nicht auf Vater gehört hätte und in Kleskow geblieben wäre . . .?
„Und du?" fragte Hanne Migalla. „Wo arbeitest du?"
Sie schrickt auf. „Nirgends", sagte sie schnell. „Willi ist dagegen. Ich soll mich nicht so abplagen."
„Willi . . . Willi Bertram? Sag bloß, du hast den Strippenzieher mit der Krähstimme geheiratet? Das schmeißt mich um. Wenn ich mich entsinne, wie der sich aufgeführt hat. Als ob wir von der MTS der letzte Husten gewesen wären."
Hanne hat sich gar nicht verändert. Genau wie früher poltert er mit der Tür ins Haus, schleudert den Leuten seine Meinung ins Gesicht, egal, was er damit anrichtet. „Willi ist immerhin Meister", antwortet Eva gereizt, „ein ordentlicher Mann, fleißig und sparsam."
„Ich sage ja schon nichts mehr." Hanne legt den Arm um Eva

und drückt sie leicht an sich. „Ich wollte dich nicht kränken, Lütte, brauchst nicht hochzugehen."
Sie hätte guten Grund, beleidigt zu sein. Aber da war das Wort Lütte, das so anders klingt als Kindchen, an Jugend, Hoffnung und Vertrautsein erinnert. Deshalb schweigt sie, schmiegt sich in seinen Arm und lächelt. „Kleskow . . .", sagt er. „Es war schon eine verrückte Zeit. Warum bist du eigentlich nie mehr dort gewesen? Ich hoffte, dich mal zu treffen, wenn ich meine Alten besuchte."
Die zweite Frage behagt ihr sowenig wie die erste. Sie muß nicht drauf antworten, oder sie könnte sagen, sie hätte nicht gewollt. Aber das würde er nicht glauben. „Es war so ausgemacht von Anfang an. Zwischen Vater und Willi. Es hätte ja auch Fahrgeld gekostet."
„Grundgütiger." Wütend springt er auf und läuft auf dem schmalen Parkweg hin und her. Bleibt dann vor ihr stehen. „Heb mal dein Gesicht. Ich will wissen, wie eine Sklavin aussieht. Willi, Willi, hast du keinen eigenen Kopf mehr? Menschenskind. Und ich habe mir eingebildet, du machst was aus dir, wenn du erst mal 'raus bist aus dem Kleine-Brüder-Betutteln und der ganzen Misere."
Trotz wallt in ihr auf und legt sich wie Schleier vor die Augen. Na und, denkt sie, kann ich was dafür, daß es sich so ergeben hat, daß ich schon mit siebzehn das erstemal schwanger wurde und auf Willi angewiesen war? Wo hätte ich denn unterkriechen sollen mit dem Wurm und ohne was gelernt zu haben? Wer nimmt so eine ledige Mutter? An so was denken Männer nicht, schon gar nicht Hanne Migalla! Springt über den Rasen und macht mir Vorwürfe. Soll er sich doch um seine Anja kümmern. „Du hast ja keine Ahnung", sagt sie.
Er setzt sich wieder, stützt die Ellenbogen auf die Knie. „Nicht mal zur Beerdigung deines Vaters bist du gekommen. Das ganze Dorf war da, haben meine Alten erzählt, nur die eigene Tochter nicht. Weißt du überhaupt, wie Paul Schmitt zu Tode gekommen ist? Mit dem Traktor verunglückt durch Verschulden eines anderen, eines besoffenen Esels."
Eva nickt stumm. Etwas davon hat sie erfahren. Es war eine

Todesanzeige gekommen von der Witwe Paschke, dazu ein paar Zeilen über die Umstände. Da hatte das Begräbnis schon stattgefunden. Es war sowieso zu spät gewesen. Den Brief mit dem schwarzen Rand hatte sie noch am gleichen Nachmittag verbrannt. Und zu niemandem ein Wort darüber verloren. Ein paar Tage war sie von Traurigkeit gequält gewesen, hatte bei allem, was sie tat, an Kleskow denken müssen, bis es ihr gelang, die lästige Erinnerung wegzuschieben.
„Paul hatte seine Tücken, aber er war kein schlechter Kumpel", sagt Hanne. „Und die Jungs, deine Brüder, sind prächtige Kerle geworden."
Die Jungen. Wie hat sie sich die ersten Monate in der Stadt gesorgt. Besonders um den Kleinen, der so ängstlich war und bei jedem harten Wort weinte. Und dem Vater fehlte etwas in seinem Wesen, das Väterliche eben, das nicht nur schelten, das auch streicheln kann. Von Jörg dachte sie, daß er auf die schiefe Bahn geraten könnte, steckte ihm doch der Kopf voller Dummheiten. Und jetzt ... prächtige Kerle. Eva schluckt, sie ringt mit sich. Der Wunsch, mehr zu hören, kämpft mit der Furcht, sich weiter bloßzustellen. „Erzähl mir von Jörg und Wölfi", sagt sie dann doch.
Was es von Jörg zu berichten gibt, hat Hanne auch nur aus zweiter Hand. Er war bei der Volksmarine und fährt immer noch zur See, jetzt auf einem Handelsschiff. Wolfgang dagegen trifft er fast immer, wenn er nach Kleskow kommt; sie sitzen dann bis in die Nacht beim Skat. Wolfgang ist Schlosser geworden und leitet die Reparaturwerkstatt der LPG. Seine Frau arbeitet in der Buchhaltung. „Weiter", fordert Eva. „Wie wohnen sie? Haben sie Kinder?"
„Ein bißchen neugierig, ja? Doch nicht alle Brücken abgebrochen?"
Sie sieht sein Lächeln, spöttisch wie eh und je, und schweigt. Beißt die Lippen zusammen, um nicht loszuheulen, und verwünscht diese Stunde. Da läuft er ihr über den Weg, rein zufällig, und tut nichts anderes, als sie mit Vorhaltungen zu überschütten und alles in ihr aufzuwühlen, was sie vergessen glaubte. Und was auch gelöscht war. Weil sie es so wollte.

Oder weil Willi es verlangte. Ist auch egal. Vorbei ist vorbei, versäumt bleibt versäumt. Doch er hätte sie nicht aufschrekken dürfen.
Plötzlich fühlt sie sich an der Hand gepackt und fortgezogen von der Bank. Ein paar Schritte läuft sie mit, weiß nicht, was mit ihr geschieht, dann reißt sie sich los. „Was soll das? Bist du verrückt?"
„Ich fahre dich hin. Sofort. Es geht ganz schnell." Wieder faßt er ihre Hand, und sie läßt sich mitzerren, ohne zu begreifen, was sie tut; es geht alles viel zu rasch. Das Auto ist ein älteres Modell, Wartburg oder Skoda, sie kennt sich da kaum aus, und es ist nicht besonders gepflegt. Was macht das schon, für Eva ist allein das Fahren ein besonderes Erlebnis. Sie erinnert sich, daß sie nur ein einziges Mal in einem Auto gesessen hat. Es war das Taxi, mit dem Willi und sie zum Standesamt fuhren. Aber da ist sie viel zu aufgeregt gewesen, um das Ereignis zu genießen. Das jetzt ist ein unverhofftes Geschenk.
Bald sind sie auf der Landstraße. Umgebrochene Äcker mit Schwärmen von Krähen, grüne Wintersaaten und endlose Felder, über die Kartoffelroder kriechen, schwerfällig wie urzeitliche Tiere.
Dazwischen, gelb und rot, Linden und Ahorn. Sie sitzt ganz still, hat Angst, sich zu rühren und den Augenblick zu stören. „Fang bloß nicht an zu schimpfen", sagt Hanne Migalla. „Das muß jetzt einfach sein. Und wozu habe ich Urlaub?" Eva antwortet nicht. „Gib wenigstens zu, daß ich gut bin", sagt er, und da nickt sie heftig. Je näher sie an Kleskow herankommen, um so vertrauter wird ihr die Gegend. Die große Eiche, in deren vermorschtem Stamm die Jungen eine Höhle bauten, steht noch, nur ist sie ganz kahl geworden, ein schwarzes Gerippe. Links, zwischen den Kastanien taucht das Schloß auf, es ist hell verputzt, hat blanke Fenster, und vor der Freitreppe baumelt eine Fahne am Mast. Im roten Backsteingebäude, in dem Eva ihre letzten Schuljahre absaß, ist jetzt der Konsum. Sie möchte jedes Haus, jeden Fleck genau betrachten, doch schon biegt der Wagen ab, das Dorf bleibt zurück. Wo früher die Bäume der alten Pflaumenallee schief im Wind standen, zieht

sich eine Betonstraße hin, praktisch und kalt. Sie endet in einem Komplex von Ställen, Lagern und Silotürmen. Hanne steigt aus und öffnet ihr die Tür. „Bitte, meine Dame. Ich hoffe, wir haben Glück.“ Er geht zu einer Halle, aus deren Tor der Lärm von Hämmern und Schweißgeräten dringt.
Mit schweren Knien trottet sie hinter ihm her. Am liebsten möchte sie umkehren. Was für ein Wahnsinn, diese überstürzte Fahrt. Niemand erwartet sie hier; sie kommt ungerufen und gewiß auch ungelegen. Wie peinlich, und nicht auszudenken, was los sein würde, wenn Willi davon erführe. Am Tor bleibt sie stehen und lehnt sich gegen den Pfosten. Sie friert in der gleißenden Mittagssonne.
Hanne brüllt etwas Unverständliches in die Halle hinein. Aus dem Halbdunkel, zwischen Maschinenteilen und einem im Stand tuckernden Traktor taucht eine Gestalt auf. Mittelgroß, ein blauer Overall über einem sich rundenden Bäuchlein, eine speckige, aus der Stirn geschobene Mütze. Die Gestalt steuert auf Hanne zu und legt gleich los: „Der Motor muckert wieder, was? Aber denke bloß nicht, daß wir deine private Werkstatt sind. Kauf dir einen anständigen Wagen ...“
„Quatsch“, unterbricht Hanne den Redeschwall. „Guck lieber, wen ich gefunden habe, du Tränentier. Gefunden und gleich mitgebracht.“
Der Mensch starrt Eva an, reißt die Mütze herunter und den Mund auf. Und daran erkennt sie ihn. Es ist ihr kleiner Bruder Wölfi, und er hat nicht nur einen Bauch, er hat auch eine Glatze. Zögernd stößt sie sich vom Torpfosten ab, aber da ist er schon bei ihr und umarmt sie. Ölgeruch und schmatzende Küsse auf beide Wangen, eine Hand, die mehr fest als zärtlich auf ihren Rücken klopft und dazwischen die gestammelten Worte: „Das haut mich um. Unsere Große.“
Verflogen die Furcht und die Peinlichkeit, verflogen anscheinend auch die vielen Jahre der Trennung. Wolfgang fragt nicht, warum sie plötzlich aufgetaucht ist und warum niemals vorher. Er schiebt sie von sich weg, betrachtet sie von allen Seiten. „Hübsch bist du, wirklich.“ Er meint, daß sie genau am richtigen Tag erschienen wäre, als ob sie es geahnt hätte, denn

Ursel, seine Frau, sei heute daheim, Haushaltstag, und daher gäbe es nicht das Einheitsfutter aus der LPG-Küche, sondern Hefeklöße mit Himbeerkompott. Wieder umhalst er die Schwester, als müsse er fühlen, daß sie es wirklich ist und keine Luftspiegelung. Hanne Migalla steht dabei und freut sich. Dann verkündet er, daß er seine Altvordern heimsuchen und Eva gegen Abend abholen werde.

Wolfgang hat sich ein ehemaliges Neubauernhaus ausgebaut und ein bißchen hergerichtet. Drinnen ist es beileibe nicht so aufgeräumt wie bei Eva in der Stadt. In der Küche stehen Gläser und Töpfe herum, ein Korb voll ungebügelter Wäsche, und in der Veranda, wo auch das Essen aufgetragen wird, liegen Berge von Schuhen und Stiefeln zum Putzen. Dies überschauend, vergehen Eva die Hemmungen vor der unbekannten Schwägerin. Dennoch ist die kleine, spitznasige Ursel in den engen Jeans eine Hürde. Sie bedient Eva wie einen Hotelgast, wünscht kühl guten Appetit und sagt fortan kaum ein Wort. Schweigend beäugen auch die Kinder, Zwillinge, die sich gleichen wie ein Apfel dem anderen, die fremde Tante. Vergeblich bemüht sich Wolfgang, das Eis zum Schmelzen zu bringen, es kommt kein rechtes Gespräch auf.
Dann sind die Frauen allein. Doch erst viel später, als Eva eine Kittelschürze übergeworfen hat und der Schwägerin hilft, angeschlagene Äpfel auszuschneiden, taut der Frost. Sie sprechen über dies und das, Haushalts- und Kinderangelegenheiten. Zur Vesperzeit ist Wolfgang wieder da. Er hat sich frei gemacht und aus dem Konsum eine Flasche Kirschlikör mitgebracht.
Liegt es an Ursels starkem Kaffee oder am ungewohnten Alkohol – Eva gerät ins Reden und Fragen und wagt endlich, sich nach dem Tod ihres Vaters zu erkundigen. Ziemlich spät, findet die Schwägerin, und es stellt sich heraus, daß sie Evas Fortbleiben von der Beerdigung wie ihre lange Abwesenheit überhaupt für Hochnäsigkeit gegenüber dem Dorf gehalten hat. Aber nein, widerspricht Eva, eigentlich habe sie gar nicht von Kleskow weggewollt, aber da wären Vaters Heiratspläne

gewesen, in die sie nicht hineinpaßte. Genau, bestätigt Wolfgang, die Paschken sei eigennützig gewesen und geblieben, ein raffgieriges Frauenzimmer. Sie habe Vater nur immer angetrieben, recht viele Überstunden und Nebenarbeiten zu leisten. Damit hätte er sich derart ruiniert, daß irgendwann mal was passieren mußte. An jenem Unglückstag habe er auf dem Traktor gedöst und nicht rechtzeitig bemerkt, daß der LKW, der ihm entgegenkam, von einem Betrunkenen gesteuert wurde. Sonst wäre er bestimmt in den Chausseegraben ausgewichen. Wolfgang ist verbittert, nicht weil er und Jörg keine Puseratze geerbt haben, das kränkt nur die Schwägerin. Es ist kein Konto dagewesen, das Häuschen gehörte ohnehin der Paschken, und wo sie ihren Sparstrumpf versteckt hielt, hat niemand ermittelt. Wozu auch, die Brüder sind sich einig gewesen, wegen der Piepen kein Faß aufzumachen, und soweit kann die Geschichte als erledigt gelten. Verbittert ist Wolfgang wegen des freudlosen Lebens des Vaters und seines sinnlosen Todes. Er redet sich einen Haufen Zorn aus dem Bauch.

Begierig und erregt hört Eva zu. In die Trauer um den Vater mischt sich immer stärker ein zweites Gefühl. Sie hat Mitleid mit sich selbst. Dafür also, für dieses Leben und diesen Tod, hat er sie sich vom Halse geschafft, an Willi Bertram vermittelt, verhökert, wie Hanne Migalla damals sagte. Dafür. Vielleicht sollte das auch einmal aus ihr heraus, aber da sitzt Wölfis Frau mit den nüchternen Augen und sagt: „Schluß. Mir steht das leidige Thema schon bis zu den Ohren." Sie schenkt noch eine Runde aus der Flasche ein und bittet Eva, von sich und ihrer Familie zu berichten. Man hätte gern ein etwas genaueres Bild, schließlich sei man miteinander verwandt.

Eva ist schon ein bißchen benebelt. Es gelingt ihr nicht, bei einer Sache zu bleiben. Sie preist Willis Umsicht und Sicherheit in allen Fragen und seine Sorge um das Fortkommen der Kinder, protzt ein wenig mit ihrer neuen Küche und erwähnt andere Anschaffungen, die ihr im Haus des Bruders zu fehlen scheinen. Sie hat über nichts zu klagen, im Gegenteil. Doch zwischen allen Lobpreisungen gehen ihr Worte über die

Zunge, die anderes aussagen. Ein paar Bemerkungen über Marie-Luise und die seltsame Stellung, die Willis Geschiedene im Haus einnimmt, über das teure Leben in der Stadt und Schwierigkeiten mit dem Wirtschaftsgeld, das weiß Gott immer schlechter reiche, Andeutungen über viele einsame Stunden und quälende Kopfschmerzen, gegen die kein Arzt ein Mittel wisse.

Je länger sie spricht, um so mehr wird aus der Erzählung eine Art Rechenschaftsbericht, eine Rechtfertigung ihrer selbst; sie redet nur noch für sich allein. Einmal aufschauend, sieht sie, daß der Bruder und die Frau Blicke tauschen, bestürzte und verständnislose Blicke. Da verstummt sie.

Die Schwägerin murmelt etwas und geht hinaus. Wolfgang, wohl in der Absicht, das Schweigen zu brechen, will ihr wieder eingießen. Sie deckt die Hand übers Glas. Schon viel zuviel hat sie geschwatzt. Um nichts mehr sagen zu müssen, tritt sie an die Fensterfront und mustert den dämmrigen Vorgarten von der Veranda bis zum Tor. Jenseits des Zaunes hinkt, auf einen Stock gestützt, ein alter Mann vorbei, sein Haar gleicht einer weißen Bürste. „Lehrer Glante", sagt Wolfgang. „Erkennst du ihn noch? Er ist lange in Rente. Übrigens hat er mich oft nach dir gefragt. Ich glaube, er mochte dich sehr gern." Das ist wirklich zum Lachen, und Eva lacht auch. „Unsinn. Dann hätte er mich doch nicht immer zusammengestaucht."

Eva beugt sich vor, aber die weißhaarige Gestalt ist bereits hinter einem Zaun verschwunden. Sie schließt ein paar Sekunden lang die Augen und sieht den Lehrer vor sich, wie er früher war. Das dichte Haar war dunkel gewesen, aber das Bein hatte er damals schon nachgezogen. Sie hatte mit Zittern diesem unregelmäßigen Schritt gelauscht, wenn er sich ihrer Bank näherte, um die Hefte zu kontrollieren. Er war streng zu ihr gewesen, aber er hatte sich auch besonders um sie gekümmert. Sie erinnert sich an einen Abend im kalten November, den sie vergessen hatte.

Zwölf oder dreizehn Jahre alt wird sie gewesen sein. Sie hatte an diesem Tag gewaschen und war spät fertig geworden. Im Schloß herrschte längst Ruhe, als sie den Korb mit der nassen Wäsche die Treppe hinaufwuchtete. Er war schwer und nahm ihr die Puste. Im zweiten Stock, vor ihrer Stubentür, mußte sie die Last absetzen, um zu verschnaufen. Drinnen im Zimmer wurde gesprochen. Zuerst verstand sie nichts, dann hörte sie den Vater zornig auflachen. Er polterte los: „Wie Sie sich das vorstellen. Wer wird denn zu mir ziehen, so wie ich dastehe. Kaum ein Dach überm Kopf, keine heile Hose auf dem Hintern und dazu das kleine Gehopse. Nein." Eine zweite Stimme antwortete, gedämpfter zwar, doch ebenfalls erregt: „Aber was Sie dem Kind zumuten, ist unverantwortlich. Es schläft im Unterricht, ist kaum noch aufnahmefähig und bleibt immer weiter zurück. Sehen Sie nicht, daß Eva auf diese Weise verkümmert? Schlägt Ihnen nicht das Gewissen?"
Lehrer Glante. Er war gekommen, weil sie wieder ihre Aufgaben nicht gemacht hatte und mitten in der Stunde eingedämmert war. Sie drückte die Tür nur einen Spalt breit auf, damit die kostbare Wärme nicht aus der Stube entwich, und schlüpfte hindurch. Vater hockte vor dem Dreibein, er hatte angefangen, die Winterschuhe zu flicken. Neben dem Kanonenofen, im Ohrensessel, ihrem besten Stück, hatte sich der Lehrer niedergelassen. Stinkender Dunst von selbstgezogenem Tabak erfüllte den Raum. „Da bist du ja, Eva", sagte Herr Glante. „Komm her und setz dich. Es ist kein Geheimnis, wovon wir sprechen."
Eva überlegte, wohin sie gehörte. Vater paffte und war wütend, der Rauch strömte aus seinen Nasenlöchern wie aus einer Lokomotive. In dieser Verfassung saß ihm die Hand lokker. Von Herrn Glante drohte keine Gefahr. Er war hier, weil er sich um sie sorgte. Also stellte sie ihren Schemel neben den Ohrensessel und wartete, was weiter geschehen würde.
„Wir müssen eine Lösung für dich finden", sagte Lehrer Glante. „Sitzenbleiben darfst du nicht wieder. Du willst doch mal einen schönen Beruf haben, nicht wahr?"
Daran hatte Eva selten gedacht. Und danach gefragt worden

war sie zu Hause noch nie. Schneiderin würde sie gern werden, am liebsten aber etwas, das mit Pflanzen und Tieren zu tun hatte. Doch bevor sie antworten konnte, fuhr der Vater dazwischen. „Beruf, wozu soll das nötig sein? Arbeiten kann sie, und mehr wird keiner von ihr verlangen."

„Ich denke doch", sagte Lehrer Glante. „Die Zeiten ändern sich, das Leben geht voran."

„Für unsereinen nicht. Wo wir herkommen, und was wir sind – bei uns hat noch keine Frau Flausen im Kopf gehabt. Eva wird zum Bauern gehen, und wenn sie Glück hat, findet sie einen Mann."

Der Vater drückte den Stummel aus, griff zum Hammer und schlug einen Täks in Jörgs Schuh. Für ihn war jetzt Schluß.

Nicht für Eva. Wenn schon von ihr gesprochen wurde, und das allein war ein Wunder, dann auch richtig. „Ich möchte aber etwas lernen. Und herumkommen in der Welt will ich auch."

„Hör sich einer das an." Der Vater lachte knarrend. Lehrer Glante lachte nicht. „Eben, man muß es sich anhören. Das Kind hat eine Meinung. Und es hat Rechte." Er legte den Arm um Evas Schulter und nickte ihr zu. Dem harten Gewebe seiner eingefärbten Uniformjacke entströmte der vertraute Schulgeruch. „Eva hat keine schlechte Auffassungsgabe. Das Lernen könnte ihr Freude machen. Wenn Sie ein bißchen einsichtig und auch einverstanden wären – ich möchte ihr Förderstunden geben. Ohne Bezahlung natürlich."

Der Vater schwieg. Er hatte einen Schuhnagel zwischen den Lippen und hätte ihn herausnehmen müssen. Aber das wollte er nicht. Weil er seinen ostpreußischen Dickschädel aufgesetzt hatte. Da war nichts zu machen, bloß Herr Glante wollte das nicht wahrhaben. Er fragte Eva, ob sie an zwei Tagen in der Woche zu ihm kommen könnte, jeweils für eine Stunde. Sie verneinte erschrocken. Das ginge überhaupt nicht. Denn da war der kleine Bruder, Wölfi, mal gerade, daß er anfing, sich nicht mehr in die Hosen zu machen. Vormittags durfte er zur Nachbarin, aber nachmittags nahm sie ihn nur ausnahmsweise. Und auf Jörg, den Großen, war zuwenig Verlaß.

Die Erklärung schien Herrn Glante einzuleuchten, doch sie gefiel ihm nicht. Er bewegte langsam den Kopf hin und her und zog die Stirn kraus, wie er es tat, wenn er schlechte Noten verteilte. Und zum Vater sagte er: „Das sind doch unhaltbare Zustände. Warum geben Sie die Jungen nicht wieder in ein Heim, wo sie ihre Ordnung haben? Vorübergehend ja nur, bis sie aus dem Gröbsten heraus sind."

Das hätte er nicht sagen dürfen, damit hatte er alles verdorben. Vater schmiß den zerrissenen Schuh mitsamt dem Leisten in die Ecke und spuckte den Täks aus. Aber nur, um sich eine neue Zigarette anzustecken. Er rauchte hastig, verschluckte sich dabei, und es dauerte lange, bis er den Hals frei bekam. „Das erlauben Sie sich kein zweites Mal, Herr Lehrer. Ich bin kein Rabenvater. Der Kuckuck legt seine Eier in fremde Nester, ich nicht. – Zustände. Hab' ich sie gewollt – die Zustände? Klug daherreden, das kann jeder." Wieder schüttelte ihn der Husten, bis er rot anlief. „Außerdem verbitte ich mir, daß Sie dem Mädel Flöhe ins Ohr setzen. Oder ich gehe und beschwere mich."

Die Brüder weggeben, nein, auf so eine Idee wäre auch Eva nicht verfallen, selbst in der größten Not nicht. Und sie hatte Mutter versprochen, Jörg und Wölfi niemals zu verlassen. Vater wußte davon. Gleich als er aus der Gefangenschaft gekommen war, hatte sie es ihm erzählt, und er achtete Mutters Willen. Aber leicht war es nicht; für alle war es nicht leicht. Lehrer Glante meinte es gut, wenn er wollte, daß etwas aus ihr wurde. Nur, daß er nichts ausrichten konnte; ganz umsonst hatte er am Ofen gesessen und sich mit Vater gezankt.

So ist das damals gewesen, vor vielen Jahren. Wenn Vater sich nicht so stur gestellt hätte, vielleicht ... Doch wozu jetzt noch darüber grübeln? Eva sieht den Bruder an, der immer noch neben ihr steht. Er fühlt ihren Blick und sagt: „Ich frage mich manchmal, wie du mit uns fertig geworden bist."

Die Schwägerin kommt zurück und erspart ihr eine Erwiderung. Ursel hat einen Beutel gepackt: Hausgemachte Wurst, frische Eier und Putenschinken. Eva wehrt heftig ab. Um

Himmels willen, wie solle sie das daheim erklären, Willi würde wissen wollen, woher sie das habe, außerdem erlaube er ihr nicht, Geschenke anzunehmen. Die Schwägerin setzt den Beutel ab und zuckt nur mit den Schultern. Aber Wolfgang schlägt mit der Faust auf den Tisch, daß Tassen und Gläser klirren. „Zum Donnerwetter, das zieht einem ja die Schuhe aus." Er greift in die Gesäßtasche nach dem Portemonnaie und zerrt einen blauen Schein heraus. „Hier, das nimmst du. Kauf dir, was dir Spaß macht. Jörg und ich, wir können in Ewigkeit nicht abgelten, was du für uns getan hast. Also, spiel dich nicht auf." Er dreht sich kurz um, stapft nach draußen und schlägt die Tür hinter sich zu.

Zitternd und wortlos steckt sie den Hunderter in die Tasche. Sie denkt, daß Wölfi wütend auf sie ist und deshalb hinaustobte. Doch dann sieht sie am Tor das alte Auto. Hanne und Wolfgang stehen daneben. Ein Streichholz flammt auf, die Lichtpünktchen zweier Zigaretten glühen in der einsetzenden Dunkelheit. „Bleib noch ein bißchen", bittet die Schwägerin und drückt Eva auf einen Stuhl. „Weil ich dir was sagen will. Licht brauchen wir dazu aber nicht." Sie zögert, Eva fühlt fast körperlich, daß sie nach einem Anfang sucht. „Denke nicht, daß ich taktlos bin oder mich gern einmische. Ich möchte nur, daß du weißt, wenn du mal nicht mehr durchhältst . . . Das gibt's doch, daß die Wände über einem zusammenfallen, du begreifst mich doch. Was auch passiert und wie dir zumute ist, du kannst jederzeit zu uns kommen."

Eine heiße Welle überflutet Eva, aber sie brennt nicht, sie tut wohl. Und zugleich ist die Gewißheit da, daß diese Frau, von deren Vorhandensein sie bis zu diesem Tag noch nichts ahnte, eine Menge von ihr weiß, mehr, als sie sich selbst jemals eingestanden hat. Und daß sie, Eva, verstanden worden ist, verstanden und durchschaut. Sie müßte sich genieren, bloß vor den eigenen Leuten braucht man sich nicht zu schämen. Noch dazu, wo sie es gut meinen. „Danke", sagt sie. „Ich werd's nicht nötig haben. Trotzdem, danke."

„Na, ihr Nachteulen." Hanne Migalla hat die Tür aufgestoßen. „Deine Pferde sind gesattelt, Eva. Oder willst du erst morgen

zurück in die Stadt?"
Nein. Es wäre schön, und sie würde gar zu gern noch einen Spaziergang durchs Dorf machen, aber das kann sie sich nicht erlauben, einfach fort zu bleiben über Nacht. Rasch rafft sie Handtasche und Jacke zusammen. Ursel, die Kühle mit den mißtrauischen Augen, umarmt sie und Wölfi haut ihr mit der flachen Hand noch einmal kräftig auf den Rücken. Der Motor springt an, verschwommene Gestalten, die winken und zurückbleiben.
Hanne Migalla fährt und schweigt. Sein Profil, ein kantiger Schatten, wirkt teilnahmslos. Gut so, mehr Freundlichkeit vertrüge sie jetzt nicht, und der Tag ist vorüber. Ein Traumtag, von dem Willi nichts erfahren darf, genausowenig wie von dem blauen Schein in ihrer Tasche.
Vor einem Kiefernwäldchen drosselt Hanne die Geschwindigkeit. Der Wagen holpert über einen Waldweg und bleibt stehen. Die Scheinwerfer verlöschen. „Warum bist du nicht weitergefahren?" Eva fröstelt, umklammert ängstlich ihre Ellenbogen. „Um Himmels willen, was hast du vor?"
Er lacht hart. „Mit dir reden, was denn sonst. Und zwar vernünftig. Weil du so nicht leben kannst wie ein gutdressiertes Tier in einem Käfig. Wolfgang ist übrigens der gleichen Meinung."
„Nein", sagt sie. „Was ihr euch einbildet." Doch zugleich spürt sie: das, was er ihr eben an den Kopf geworfen hat, ist die Wahrheit. Küche und Wohnzimmer, Schlafstube und Garten, umgeben von einem Staketenzaun, das ist der Käfig, in dem sie sich bewegt, Tag um Tag, Jahr für Jahr. Gehütet, versorgt und kontrolliert von einem Wärter, der Willi Bertram heißt. Und der, wenn er fort muß, einen Wachhund zurückläßt, Marie-Luise, den bösen Geist. So klar ist das alles auf einmal, daß Eva bis ins Innerste erschrickt. Und sich sträubt. Weil sie in den Boden sinken müßte, wenn sie es zugäbe. Sie meint, leise zu sprechen, doch ihre Stimme gellt: „Ihr habt getratscht über mich, pfui Teufel. Die Mäuler habt ihr euch zerrissen, mich in den Dreck gezogen."
„So nicht, bitte." Er legt die Hand auf Evas Schulter. Kraft

geht von ihr aus und Beruhigung. „Du bist sehr unglücklich, nicht wahr? Das kannst du nicht leugnen. Und niemand wird deinem Bruder und mir verbieten, uns zu sorgen."
Er ist stärker als sie, aber es ist nicht die Überlegenheit, die sie von Willi gewöhnt ist. Sie braucht sich nicht zu ducken, das wird hier nicht erwartet. „Aber was soll ich denn machen?"
„Brich aus deinem Käfig aus. Nimm deine Jungen und geh einfach weg. Nach Kleskow zum Beispiel. Platz findet sich, denn sie brauchen dort dringend eine zweite Köchin. Und wenn dir das nicht paßt, Kartoffeln sortieren, Rüben verziehen und Unkraut jäten, das wirst du wohl bringen."
Sie nickt zaghaft, ohne daran zu denken, daß er es in der Dunkelheit nicht sieht. Solche Arbeit flößt ihr keine Furcht ein. Von vorn anfangen, neu anfangen. Eigene vier Wände, sehr bescheiden sicherlich, aber selbständig sein. Und eigenes Geld. Gemeinsames Mittagessen mit den Kollegen, jeder erzählt von sich, und natürlich wird oft gelacht. Und abends gehen, wohin sie will, zu einer Freundin, ins Kino oder auch nur ein Stündchen bei Wolfgang und Ursel in der Veranda sitzen. Bücher lesen, viele Bücher und das nicht mehr heimlich, am Sonntag mit Peter und Michael in den Bus steigen, einen Ausflug machen, wenn ihnen gerade danach ist ... Verlockt von der Freiheit, baut sie sich ein Wunschgehäuse und sieht es zum Greifen nahe. Es bricht zusammen, als ihr ein Wort einfällt: Scheidung. „Ich kann nicht", flüstert sie. „Ich tät' doch alles kaputtmachen."
„Was, bitte? Was machst du kaputt, um das es schade wäre?"
Er versteht sie nicht, er ist ein Mann. Nimm deine Jungen und geh, so leicht sagen das nur Männer. Wo er doch wissen müßte, daß gerade dieses „Nimm deine Jungen" unmöglich ist. Sie würgt an einem Schluchzen, hofft, daß es vorübergeht, und kann es doch nicht bändigen. Um es nicht hören zu lassen, preßt sie die Hände vor den Mund.
Hanne hat geschwiegen, abwartend und geduldig. Jetzt rüttelt er sie an der Schulter. „Ich bilde mir ein, du überlegst. Dabei fängst du an zu heulen."

Sie schüttelt seine Hand ab. „Wenn ich fortgehe, nimmt mir Willi die Kinder weg. Nie und nimmer läßt er mir die. Wie der auftreten kann, es läuft keiner herum auf der Welt, den er nicht an die Wand redet. Nein, nein, laß mich."

„Da müßtest du natürlich durch", sagte Hanne. „Aber es gibt eine Menge Leute, die dir helfen würden. Ich zuallererst. So einem bornierten Strippenzieher wird doch klarzumachen sein, daß Frauen ihre Rechte haben. Oder glaubst du, in den Gerichten sitzen Idioten? Du wagst bloß nichts, du traust dich nicht zu kämpfen."

„Bring mich nach Hause", sagt sie anstelle einer Antwort. „Es ist spät."

Bis zur Stadt wechseln sie kein Wort mehr. Die Fontäne im Schwanenteich ist versunken, längst haben die Läden geschlossen, bis auf die ewig quietschenden Straßenbahnen ist der Verkehr erstorben. Sie möchte am Markt aussteigen, aber da spielt er nicht mit, er bringt sie bis an ihr Gartentor. Sie reichen sich die Hände, und in einer jähen Aufwallung lehnt Eva den Kopf an seine Brust. So bleibt sie minutenlang, ganz ruhig, und fühlt in der Abendkühle noch einmal die Wärme des Oktobertages, die nicht von der Sonne kam. „Wann fliegst du nach Afrika?" fragt sie. „Bald?"

„Übermorgen, spätestens am Freitag." Sie lächelt müde. „Siehst du. Und wie solltest du mir dann helfen?"

In der Küche brennt Licht. Peter steht am Herd und braut sich eine Tütensuppe zusammen. Wegen Krankheit eines Klassenkameraden ging die Ferienwanderung vorzeitig zu Ende. „Mensch, Mutti, wo warst du denn so lange? Wo ich so einen irren Hunger habe." Er leckt am Löffel und schaut Eva vorwurfsvoll an. Sie nimmt ihm den Löffel weg, wirft ihn in den Topf und reißt den Jungen stürmisch an sich. Drückt ihn, bis ihm und ihr die Luft wegbleibt. Zu Atem gekommen, wundert er sich. „Ist was? Oder freust du dich bloß?"

Ich glaube, ich schaff's. Wirklich, das spür' ich, und ich fühle auch, daß ich kräftiger geworden bin. Es fällt mir nicht mehr schwer, frühmorgens aufzustehen und den Tag zu beginnen, die bleierne Schwere im Kopf und in den Beinen ist verschwunden. Vielleicht kommt es daher, daß man etwas von mir erwartet.
Ich schaff's bestimmt. Nur irre machen darf ich mich nicht lassen. Da gibt's welche, die sind plötzlich stinkfreundlich zu mir, Häftlinge, die mich bis jetzt kaum angeguckt haben. Sie bieten mir Schokolade an und lassen mir im Waschraum den Vortritt. Warum, das wissen sie, und ich weiß es auch; ich soll wegsehen, wenn sie Fehler machen oder schluderig arbeiten. Daraus wird nichts.
Auch Karin möchte mich anders haben. Es gefällt ihr nicht, daß ich Brigadierin geworden bin. Hast du es nötig, dich bei denen anzubiedern, hat sie gefragt. Die Frohwein sucht eine Dumme, und du fällst drauf 'rein. Das Gefängnis ist eine Episode, keine schöne, aber eine rasch vorübergehende. Danach geht das normale Leben weiter. Daran solltest du denken. Kurz treten, Energien sparen und an später denken.
Das war nach der Arbeitsbesprechung. Eben, hätt' ich sagen müssen, wenn ich den Mut gehabt hätte, eben, weil ich an später denke, muß ich das jetzt tun. Ich will meine Zeit nicht nur absitzen und wieder das sein, was ich immer war, ein Stück Holz, ein Besenstiel, den man in die Ecke stellt. So kommt's mir jedenfalls vor, wenn ich zurückdenke. Ob Karin das jemals begreift? Ich zweifle daran, weil sie immer was dargestellt hat, sogar mal Chefin gewesen ist. Und weil sie nach der Haft einfach wieder in ihren Betrieb geht. Dort liegt, ganz anders als bei mir, alles glatt vor ihr. Ich muß erst sehen, ob ich was kann.
Die Frohwein hat verlangt, daß ich vor allen erkläre, was ich denke: Ob die Arbeit gut organisiert ist, so wie sie läuft. Ich weiß nicht, wie sie das meint, gut organisiert, aber die Arbeit ist oft schlecht. Nachlässig, schlampig, ohne Verstand. Das

hab' ich gesagt, ein Blinder merkt's, ich kann doch nicht lügen. Oh, du lieber Gott. Dreckstück, hat mich die Schwarze angezischt, und ein paar andere haben geglotzt, daß mir angst und bange wurde und ich gleich gedacht habe, sie werden mich das büßen lassen; vielleicht streuen sie mir Waschpulver ins Essen. Oder drehen mir unter der Dusche plötzlich das heiße Wasser auf, damit ich mich verbrühe. Hat's hier schon gegeben. Aber ich war nun mal dran, und die Frohwein hat noch auf was gewartet, das war zu sehen. Es ist nicht richtig, hab' ich also gesagt, daß jede von uns alle Arbeiten macht. Zum Beispiel die Mangel. Solche, bei denen die Wäsche schief und krumm rauskommt oder alle naselang in den Walzenhals gerät, daß nur noch zerfetzte Lumpen übrigbleiben, solche dürfen da nicht mehr 'ran. Was sollen die Leute denken, wenn sie verdorbenes Zeug wiederkriegen, und das kostet ja auch ... Hab' ich gesagt und nichts auf das Geglotze gegeben, aber mir war, als ob ich's gar nicht wäre, als ob eine Fremde neben mir säße und redete. Die meisten waren still, auch Karin, und das hat mich geärgert, wenigstens da hätte sie mir beistehen können. Drei gaben mir recht, und da ist es mir rausgerutscht – vielleicht, weil ich auf einmal neuen Mut hatte –, daß die Wäscherei auch ein bißchen Spaß machen müßte.
So ein Gelächter. Spaß im Gefängnis, das darf's einfach nicht geben, aber warum eigentlich nicht? Mit ein bißchen Freude geht alles fixer, und die Tage werden nicht so lang. Aber die Frohwein hat's anscheinend auch ungehörig gefunden, was ich sagte, und festgestellt, ich, die Strafgefangene Bertram, wäre schließlich nicht zum Vergnügen in der Anstalt. Dann hat sie allerdings noch hinzugefügt, daß die Leitung meine Vorschläge prüfen wird.
Der Frohwein glaub' ich, was sie sagt, und ich denke, sie war ganz zufrieden mit mir. Bloß bei Karin bin ich unten durch und werde es wohl bleiben. Dabei haben wir uns am Anfang so gut verstanden. Ich glaub', es lag daran, daß wir beide allein waren, allein und am Ende. Jetzt ist die Verzweiflung vorbei, und da stellt sich 'raus, daß wir doch zu verschieden sind. Damit muß man sich abfinden.

Heute sind wir nur zu zweit im Aufenthaltsraum. Im Fernsehen spielen sie einen Kriminalfilm. Ich habe keine Lust auf den Krimi, wozu angucken, wie sich die Leute ins Unglück stürzen. Karin macht sich auch nichts daraus, ihr sind Krimis zu oberflächlich. Vor dem Abendbrot ist sie in die Bibliothek gegangen, und ich habe sie gebeten, mir ein Buch mitzubringen, etwas Trauriges mit viel Liebe. Hat sie nicht. Bevor du nicht an deine Familie denkst und endlich klare Verhältnisse schaffst, brauchst du auch nicht zu lesen, sagte sie.
Dann eben nicht. Ich hab' meinen Wandbehang vorgeholt und knüpfe am letzten Stück. Nur noch die rechte untere Ecke, und er ist fertig. So was Schönes, kaum zu glauben, daß ich das gemacht habe. Evelyn wird er auch gefallen, und wenn sie ihn nicht in der Wohnstube haben will, soll sie ihn in die Diele hängen. Flure sind meistens dunkel, da wird meine Blume wie eine kleine Sonne sein.
Wissen möcht' ich, ob sie schon an die Hochzeit denkt, und schön wär's, wenn in Zissendorf gefeiert würde. Platz haben wir genug, wir könnten sie ausrichten, wie sich's gehört. Mädchen heiraten bei ihren Eltern, das ist immer noch Sitte. Bei mir war's was anderes, ich hatte kein Zuhause mehr. Und es war überhaupt keine richtige Hochzeit. Gerade deshalb liegt mir viel dran, daß Evelyn ... Herrgott, was träume ich bloß zusammen. Als ob gar nichts gewesen ist, wenn ich wieder heimkomme. Und was dann sein wird. Willi hat vielleicht schon eine andere, und ich muß zusehen, wie ich klarkomme. So ausgeschlossen ist das nicht. Aber komisch, es regt mich nicht auf, das zu denken. Eine Hochzeit hätt' ich aber gern, und Brautmutter möchte ich auch sein. Bloß die feinen Leute aus Westorf, Sanitätsrat Wittich und Frau Gemahlin – die werden sich nicht mit einer an den Tisch setzen, die aus dem Gefängnis kommt, die nicht. Das Ansehen ist kaputt. Wir sind kein anständiges Elternhaus mehr.
Auch das hab' ich auf dem Gewissen.
Du döst mal wieder vor dich hin, sagt Karin und klappt ihr Buch zu. Offen heraus, Eva, seit wann schreibst du eigentlich an deinen Mann, ohne daß ein einziger Brief abgeschickt

wird? Seit rund vier Monaten. Ich geb' mir alle Mühe mit dir, weil ich dein Bestes will, aber du ...
Sie soll lesen und mich nicht behelligen. Ja, ja, sie meint es gut, das merke ich, ohne daß sie es dauernd rauszustellen braucht. Aber so viel Edelmut vertrag' ich nicht. Immer und ewig erteilt sie Ratschläge. Das hält man ja nicht aus. Du hast die Weisheit gepachtet, sage ich, alle Weisheit der Welt. Aber für dich selber konntest du nicht einstehen. Warum eigentlich nicht?
Sie sieht mich an, als wäre ich nicht bei Trost oder hätte die Krätze. Sicherlich hat sie nicht erwartet, daß ich ihr mal Kontra gebe. Und dann fragt sie, ob ich unbedingt Streit suche. Eine dumme Frage. Wer nicht ihrer Meinung ist, sucht Streit, wirklich dumm. Nein, sage ich, aber du sollst dir nicht einbilden, daß du die Größte bist, und du sollst nicht immer an mir herumnörgeln. Ich weiß, was ich tue. Ich will einmal machen, was ich will. Ich lass' mich nicht mehr antreiben. Das hatte ich schon zu lange.
Karin zuckt mit den Schultern, wem nicht zu raten ist, dem ist nicht zu helfen, heißt das, und steckt ihre Nase wieder ins Buch. Gut so, genug geredet. Aber meine Gedanken purzeln weiter. Ich kann sie nicht aufhalten, wie ich Karins Gerede aufgehalten habe. Gut gemeint, wenn ich das schon höre. Wer glaubt schon, daß er es nicht gut meint? Auch Willi war davon überzeugt, stolz ist er gewesen, wie er mich lenken und leiten konnte. Hü und hott hat er kommandiert, und ich bin am Zügel gelaufen. Aber wohin das ging ... Vor Gericht war ich die Diebin, ein gemeines und gerissenes Frauenzimmer. Als ob ich immer ein niederträchtiges Stück gewesen wäre. Das Gericht war das Ende. Und der Anfang? Wo war der Anfang? War das der Tag, an dem ich zum erstenmal in eine fremde Tasche griff? Nein, da hatte ich schon allen Halt verloren. Der richtige Anfang war früher. Als ich jeden für wahnsinnig gehalten hätte, der mir vorausgesagt hätte, daß ich irgendwann stehlen gehe. Vielleicht damals, als die Wochen dahinschlichen, als ob sie Schnecken wären, und ich Angst hatte vor jedem neuen Morgen. Ja, vielleicht damals ...

Fünftes Erinnern: Der Fall

Der Tag hatte vor Nässe getrieft. Regen peitschte gegen die Scheiben und gluckerte pausenlos in der Traufe. Er drückte die Sommerastern zu Boden, knickte die Köpfe der Dahlien und riß frühreife Äpfel vom Baum. Der Herbst, die dunkle, trostlose Zeit, ist diesmal früher gekommen. Nicht mehr lange, dann fallen die Blätter.

In der Wohnung ist es warm. Marie-Luise, die an Rheuma leidet, hat die Zentralheizung angefeuert. Mit Kohlen geizt sie nicht, und Bertrams profitieren davon. Eva lehnt am Küchenfenster und schaut in die frühe Dämmerung. Der Regen hat aufgehört, vom See ziehen Nebelschwaden herauf und hüllen Zissendorf ein. Jenseits des Gartens schwankt geisterhaft das Licht einer Straßenbahn vorbei. Es hat etwas Verlockendes für Eva. Mitfahren, wünscht sie sich, in die Stadt hinein, wo es hell ist und belebt, Menschen sehen und Gesichter.

Sie hat Eintopf gekocht, Brotscheiben geschnitten und Teewasser aufgesetzt. Nun wartet sie auf die Familie und fürchtet zugleich ihre Ankunft. Es ist Mittwoch, da fängt die Woche an, schlimm zu werden. Montags und dienstags hat Eva noch Energien, mittwochs hofft sie nur, daß die Zeit schnell vergeht. Doch wie zum Trotz beginnt sie an diesem Tag zu schleichen und ist erfüllt mit nutz- und sinnlosem Grübeln. Und es gibt niemanden, der Eva davon erlösen will. Wenn nur der Kleine erst hier wäre, der Kleine gehört ihr noch am meisten. Aber der hat sich das Trödeln angewöhnt. Michael ist in einer Arbeitsgemeinschaft, in der sie Schiffsmodelle bauen. Sie hat nichts dagegen, Gott bewahre, aber sie grämt sich, daß er von dort immer später heimfindet.

Peter poltert herein, der große Junge, baumlang, aber so eckig und unbeholfen. Er knipst die Deckenlampe an und knurrt einen Gruß. Guckt in den Kühlschrank, den Brotkasten und ins Büfett. „Das konnte ich mir denken", sagt er mürrisch. „Und mir hängt der Magen bis sonstwo." Darauf antwortet sie nicht, weil er ja weiß, daß er sich gedulden muß. Vor ein paar Monaten noch hätte sie ihm auf der Stelle einen Teller Suppe aufgetan, jetzt geht das nicht mehr. Das ungebundene Leben ist vorbei. Willi hat die Außenmontage aufgegeben. Die Jungen brauchen eine starke Hand, meinte er, sie verwildern sonst gänzlich. Vielleicht braucht er selbst ein bißchen mehr Bequemlichkeit, das wäre zu verstehen, aber das gibt er nicht zu, vielmehr spricht er von Zucht und Ordnung. Und dazu gehört, daß erst gegessen wird, wenn er selbst am Tisch erscheint, gleichgültig, ob er Versammlung hat oder eine Überstunde dranhängt.

„Hast du wenigstens ein paar Pfennige für den Bäcker?" fragt der Große. Sie blinzelt an ihm vorbei ins Helle und schüttelt den Kopf. „Woher denn? Du wirst es aushalten, bis Papa da ist." Er schnaubt verächtlich und entfernt sich. Sie hört ihn eine kleine Weile rumoren, dann ist es still; zu lange und verdächtig still, wie ihr scheint. Ist er etwa fortgelaufen, im Trotz, wie schon manchmal? Nur das nicht, nur nicht wieder Krach wegen Peter. Aber der Große ist da, sie findet ihn im Zimmer der Jungen. Er erschrickt, als sie eintritt, und dreht sich rasch zur Seite. Nur ist es zu spät, das Sparschwein an seinen Platz im Regal zu stellen und das Taschenmesser zu verbergen. Auf dem Tisch liegen verstreut größere und kleine Münzen.

Mit einem einzigen Blick erfaßt Eva, was passiert ist. Jähe Empörung verdunkelt ihre Augen und raubt ihr jegliche Beherrschung. Sie reißt das Tonschwein an sich, schnellt auf die Zehenspitzen und klatscht dem Jungen ihre Rechte ins Gesicht. „So machst du das ... Mit dem Messer in die Sparbüchse ... Den Kleinen bestehlen, ihm sein Geld wegnehmen ... Woher hast du das, Bengel, nichtsnutziger? Rede!"

Das Taschenmesser fällt zu Boden. Peter gibt keinen Mucks von sich, mit hängenden Armen starrt er an die Wand. Auf der linken Wange brennt ein Fleck, und langsam färbt sich, vom Hals aufsteigend, das ganze Gesicht rot. Erbarmungswürdig sieht er aus, wie er so dasteht, ein Bild der Scham und der Hilflosigkeit. Doch in Eva kocht noch der Zorn. Mit zitternden Fingern sammelt sie die Münzen auf und steckt sie in die Büchse. „Zwei siebzig, drei zwanzig ... Was hast du dir überhaupt gedacht? Mach den Mund auf, sag' ich.

Na, wird's bald?"
Der Junge schweigt weiter. Krampfhaft zieht er die Nase hoch und schnüffelt. Das erinnert sie an seine Kleinkinderzeit. Täuscht sie sich, oder ist das eine Träne, die ihm übers Gesicht rollt? Plötzlich wird sie weich. Es ist die oft verwünschte Schwäche, daß sie ihre Kinder nicht weinen sehen kann, nie konnte sie das. Sie haben das früher oft ausgenutzt, besonders Evelyn. Die ärgsten Frechheiten blieben straflos, weil sie im letzten Moment ein paar Tränchen zerquetschte. Sie war ein raffiniertes kleines Biest. Peter kann sich nicht verstellen, und er hat seit Jahren nicht mehr geheult. Die dumme Ohrfeige. Ich hätte ihn nicht schlagen dürfen, denkt Eva, wer schlägt, setzt sich selbst ins Unrecht.
Unschlüssig dreht sie das letzte Geldstück, es ist eine Mark, zwischen den Fingern. Er hat's ja nicht aus Übermut getan, nein, so verdorben ist er nicht. Er hat bloß Hunger. Soll er schnell zum Bäcker laufen, meinetwegen. Peters Hand fühlt sich rauh und heiß an, als sie die Mark hineinlegt. „Da, nimm. Ich mach's schon wieder gut. Papa wird auch nichts erfahren."
„Papa ..." Er lacht heiser. „Ausgerechnet Papa. Der kann mich mal ... Ihr könnt mich alle." Peter schleudert die Münze von sich, läuft hinaus und kracht die Tür hinter sich zu. Gleich darauf dröhnt aus dem Wohnzimmer Radiomusik.
Der Ausbruch hat Eva niedergeschmettert. Ob der Umschwung von einem Moment zum anderen kam – sie weiß es nicht. Die Kinder entgleiten ihr, sehr früh Evelyn, nun auch Peter, sogar Michael ist lieber bei seinen Modellbauern als in ihrer Nähe. Und sie haben keine Achtung voreinander und vor ihr. Wenn das mal nicht böse ausgeht mit einem von ihnen. Sie kriecht auf dem Fußboden herum und sucht das Markstück. Es ist unter Mischas Bett gerollt; ohne bestimmte Absicht steckt sie es in die Schürzentasche.
Eine halbe Stunde später ist die Familie in der Küche versammelt. Das Krautgericht dampft in den Tellern, weswegen sich Evelyn abseits gesetzt hat. Suppe schwemmt auf, und der strenge Geruch ist ihr widerlich. Peter stopft Löffel um Löffel

in sich hinein, verbissen, ohne aufzusehen. Der Kleine würgt an jedem Bissen, er kämpft noch mit dem Schluchzen. Mit Lackfarbe beschmiert, kam er vom Basteln. Der Vater hat ihn gezwungen, zehn Minuten oder länger seine Finger zu bürsten, ein paar Reste blieben dennoch kleben. Und auch der Pulli zeigt blaue Farbspuren. Nun schwebt die Drohung über Mischa, in Zukunft entweder reinlich zu erscheinen oder die klecksende Arbeitsgemeinschaft aufzugeben. Von Zeit zu Zeit richtet er flehende Blicke auf die Mutter. Eva denkt, daß es wahrhaftig nicht so arg ist und daß sie vom letzten Malern ein Fläschchen Lösungsmittel in Reserve behalten hat. Damit wird der Schaden zu heilen sein. Sie nickt dem Kleinen verstohlen zu und füllt den Teller des Großen zum zweitenmal.
Willi scheint nur auf einen Anlaß gewartet zu haben. „Du schlingst und schlingst und sagst nicht mal danke", stellt er fest. „Und wie du wieder dasitzt, hingeflegelt, daß einem übel wird." Das ist noch mit normaler Stimme und im Ton einer Rüge gesagt, aber dabei wird es nicht bleiben. Eva legt den Löffel beiseite und verschränkt die Hände im Schoß. Sie kennt die abendlichen, oft einseitigen Duelle zwischen Vater und Sohn zu gut, um an ein friedliches Ende der Mahlzeit zu glauben. Seit Willi nicht mehr auf Montage geht, ärgert er sich darüber, daß er weniger verdient, und wenn er daheim ist, ärgert er sich über den großen Jungen, der so gar nicht seinen Erwartungen entspricht. Aus zwei Sorten leisem Ärger wird dann ein lauter, und jetzt geht es auch schon los. „Du kannst wohl nicht hören? Fehlt bloß noch, daß du die Füße auf den Tisch legst. Und dazu dein Zottelkopf, schlimmer als ein Gammler. Daß sie dich damit überhaupt arbeiten lassen. Dein Meister müßte ich sein." Er greift nach der Tasse, um die Kehle anzufeuchten.
In die Pause hinein sagte der Junge aufreizend lässig: „Du bist aber nicht mein Meister, wenigstens damit habe ich Glück. Und der, mein Meister, hat was anderes im Kopf."
Willi setzt die Tasse ab, sie klirrt. „Schlapp und lasch, wie die meisten heutzutage. Aber bei mir gibt's das nicht, bei mir nicht. Morgen gehst du zum Frisör." Der Junge grinst jetzt of-

fen. „Weißt du einen, der umsonst schneidet? Ich bin blank." Dagegen kann Willi kaum etwas einwenden. Er läßt dem Jungen monatlich zehn Mark, den Rest des Lehrlingsgeldes zahlt er auf ein Sparbuch ein, das unter Verschluß steht. Doch zehn Mark sind viel zuwenig, um Peters notwendige Ausgaben zu bestreiten. Wie er trotzdem zurechtkommt – denn Eva kann ihm nur ganz selten aushelfen –, ist ein Rätsel, an dessen Lösung sie lieber nicht denkt. Und auch nicht danach fragt.

Willi nagt an seiner Lippe. Endlich fingert er das Portemonnaie aus der Gesäßtasche und knallt zwei Mark auf den Tisch. „Da. Wie ein Penner kommst du mir nicht wieder unter die Augen. Morgen fällt die Wolle. Fasson, bitte ich mir aus. Kostet eins achtzig den Rest kannst du Trinkgeld geben."

Ein spöttisches Lachen übertönt den letzten Satz. „Fasson, Papa, daß ich nicht kichere." Evelyn stellt ihren Teller in den Abwasch und fegt Krümel vom Rock. „Fasson tragen heutzutage nur noch die alten Opas, damit man den faltigen Hals besser sieht. Also, nein, Peter, so ließe ich mich nicht zurichten."

Eva krampft die Finger ineinander. Evelyns Sticheleien haben nicht selten den Streit erst auf den Höhepunkt getrieben. Aber nichts passiert. Es kann gar nichts mehr passieren, denn unhörbar ist Marie-Luise auf ihren weichen Pantoffeln in die Küche gekommen. Und damit ist Schluß, in ihrer Gegenwart gibt es keinen Zank. „Laß dich nicht stören, Willi Bertram", sagt sie, „einer muß ja die Kinder erziehen, nicht wahr? Ich habe auch nur eine Bitte." Und mit einer halben Wendung: „Der Senf ist mir hart geworden, Evchen. Du hast gewiß ein Schälchen frischen übrig."

Das letzte Mal war es Ketchup, diesmal ist es Senf. Eva möchte schwören, daß Marie-Luise in ihrer Abwesenheit herumgeschnüffelt und die Vorräte kontrolliert hat. Aber das kann sie nicht beweisen.

„Mostrich, nein. Es tut mir leid, wir haben gar keinen im Hause."

Und nun geschieht, was in solchen Fällen unabwendbar bleibt. Marie-Luise, die eigentlich nicht stören wollte, setzt sich auf

den Stuhl, von dem Evelyn gerade aufgestanden ist, und schlägt die dürren Beine übereinander. Gott ja, das hätte sie sich selbst sagen dürfen, nicht mal Senf, von allem anderen, was in eine gepflegte Küche gehöre, ganz zu schweigen. Sie habe die eiserne Absicht gehabt, sich nicht mehr einzumischen und Eva ihrem Schicksal zu überlassen, aber die lerne es nie. Den ganzen Tag nichts zu tun, dennoch jeden zweiten Abend eine Armeleutesuppe auf dem Tisch, als ob es keine Kochbücher gäbe. Sie rede allerdings in den Wind und würde ja auch schweigen, wenn Willi nicht zu bedauern wäre, Willi, der so etwas nicht verdient hätte.
Marie-Luise steckt das schlechte Wetter in den Knochen; ihre Tirade ist länger und schärfer als sonst und sogar für Willis Ohren zu giftig. „Sei so freundlich und halte endlich deinen Mund. Unser Haushalt ist unsere Sache. Und ich verbitte mir, daß du derart auf Eva herumhackst. Ich bin mit ihr zufrieden, mit allem, merk dir das mal.“ Zustimmung fordernd, sieht er den Kleinen an. „Oder schmeckt's dir nicht, Mischa?“ Der Junge, erleichtert und glücklich, weil der väterliche Zorn über die Farbschmiererei verflogen scheint, kräht heraus: „Doch, doch, Klasse.“
Marie-Luise verzieht die Lippen, abschätzig, überlegen. „Das Kind versteht's nicht, hat nie was anderes gekriegt. Dabei sieht ein Blinder, daß Michael unterernährt ist. Diese Ärmchen, ach Gott, viel zu mager und spillrig.“
„Jetzt langt's.“ Schwerfällig stemmt der Mann seine wuchtige Gestalt hoch, doch die Stimme ist schon in den oberen Lagen. „Wer hat dich hierher eingeladen, damit du uns beschimpfst? Ich halte eine Menge von dir aus, aus alter Dankbarkeit, versteht sich. Aber ein Trottel bin ich nicht.“ Er brüllt, und Eva, die diese Tonart fürchtet und haßt, lächelt diesmal in sich hinein; das Herz hüpft ihr vor Freude. Willi, ihr Mann, hat sie beschützt und gelobt, er stellt sich vor die Familie und gibt's der Geschiedenen gründlich. Wie hat sie darauf gewartet. Leichten Schrittes und so, als sei sie völlig unbeteiligt, räumt sie das Geschirr ab.
„Kümmer dich um deinen Kram, und verschwinde“, donnert

Willi. „Oder – das ist mein voller Ernst – ich zieh' mit meinen Leuten hier aus. Dann kannst du dir einen Dummen suchen, der für umsonst dein Holz hackt und deine Stuben renoviert und neue Fenster einsetzt... Laß es nur dahin kommen, du wirst ja sehen." Erschöpft und am Ende seines Lateins hält er inne. Die Geschiedene lispelt etwas, das wie eine Entschuldigung klingt. „Daß du dich so echauffierst. Ich habe doch weiter gar nichts gesagt." Behende wie ein Aal gleitet sie vom Stuhl und entschwindet durch den Flur. Der Kleine nutzt die Gelegenheit, um sich auch zu verdrücken. Die Tür bleibt hinter ihm offen.

Das Sofa ächzt, als Willi sich in seine Ecke fallen läßt, unter der Lampe summt eine Fliege. Sonst ist die Stille plötzlich so vollkommen, daß sie fast greifbar ist. Bis Evelyn auf klopfenden Absätzen zur Tür geht und sie mit einem Ruck schließt. „Die sind wir erst mal los. Und das Lauschen wird ihr bis auf weiteres vergangen sein." Evelyn schlendert zum Tisch hinüber und schiebt sich zwischen Vater und Bruder aufs Sofa. Sie tätschelt Willis behaarten Arm. „Du warst ganz groß in Form, beinahe hätte ich mich vor dir gefürchtet."

Er lacht geschmeichelt. „Man hat seine Prinzipien. Wobei ich nicht verkenne, daß Marie-Luise auch ihre guten Seiten hat. Zum Beispiel hat sie uns den Garten vollständig überlassen, ohne die Miete zu erhöhen."

Evelyn ist ganz seiner Meinung, nachgiebig und lieb zu ihrem Papa, was bedeuten kann, daß sie etwas von ihm will. Die Aufzählung von den Schokoladenseiten der Geschiedenen geht weiter. In Eva regt sich der Widerspruch, doch wozu, ihre Ansicht ist ohnehin nicht gefragt. Ernüchtert und vom Essen müde geworden, beginnt sie mit dem Abwasch. Das Gespräch plätschert inzwischen weiter. Willi liebt solche Unterhaltungen, die er hauptsächlich allein bestreitet und bei denen er sich bis ins endlose wiederholen kann. Er hört sich gern reden, und Eva läßt ihm das Vergnügen und schaltet, wenn der Text zum dritten Male läuft, gewöhnlich ab. Sie versucht es auch heute, aber da mischt sich plötzlich der Junge ein. Seine Stimme klingt tiefer als die des Vaters und ein bißchen krat-

zig. „Leute, da tun einem ja die Ohren weh. Die alte Natter gehört auf den Mond geschossen. Und fertig."
Peter. Wenigstens einer, der ihre Gefühle teilt, und das wird er wahrscheinlich gleich büßen. Doch es ist Evelyn, die ihm antwortet: „Dazu findet sich keiner. Und was den Haushalt und Mama betrifft, hat die Natter hundertprozentig recht. Leider."
Darauf Willi: „Selbstverständlich. Aber das geht sie keinen Pfifferling an. Es genügt, wenn ich mich über die Mißwirtschaft ärgere."
Evas Hände, beim Abreiben der Löffel, erstarren im heißen Wasser. Mißwirtschaft. Der Ausdruck dürfte sie nicht schmerzen; so oder ähnlich hat Willi sich schon manchmal geäußert. Aber der Vorwurf ist noch nie in Gegenwart der Kinder gefallen. Und sie sind einverstanden, nicht mal Peter widerspricht. Ob er ihr noch böse ist wegen der Backpfeife? Sie richtet sich auf, wirft die Löffel in den Abtropfkorb und dreht sich um. Peters Gesicht ist ausdruckslos bis zur Schläfrigkeit; gleichgültig oder Gleichgültigkeit vortäuschend, daneben Evelyns mokantes Lächeln und Willis selbstzufriedene Behäbigkeit. Auf dem Sofa aufgereiht die Familie und sie gegenüber, verschwitzt, von Wrasen umnebelt, mit roten Armen, von denen das Wasser tropft. Und so empfindet sie sich: ausgestoßen, als Aschenbrödel und Fußabtreter der Familie.
„Ja, da guckst du", sagt Willi. „Wir sind einer Meinung über dich. Es ist sagenhaft, wie wenig du haushalten kannst. Fleisch und Wurst bring' ich jeden Freitag aus der Stadt mit, dazu bekommst du noch fünfzig Mark die Woche. Aber nicht mal ein Töpfchen Senf im Schrank. Ich werde wohl nicht umhin können, in Zukunft den ganzen Einkauf zu übernehmen."
Geschwätz, denkt Eva in dumpfer Auflehnung. Du würdest dich wundern, und wie du dich wundern würdest. „Tu's doch, mach's doch, wenigstens mal vierzehn Tage lang", stößt sie hervor und entsinnt sich dabei, daß sie solche Worte von ihm auch nicht das erstemal hört und daß er sich hüten wird.
Da geht er auch schon hoch. „Bin ich dein Laufbursche? Willst du mir zumuten, daß ich mich zu den Tratschweibern in den Bäckerladen stelle?"

Evelyn kichert, die Vorstellung belustigt sie ungeheuer. Das alberne Gegacker, die Tatsache, daß sich das Mädel auf ihre Kosten amüsiert, nimmt Eva die letzte Hemmung, sie explodiert. „'raus", fährt sie die Kinder an. „'raus mit euch, auf der Stelle. Ihr habt hier nicht herumzusitzen und Maulaffen feilzuhalten."

Der Junge wälzt sich stumm hoch und trottet zur Tür. Ganz anders die Tochter. Sie muß unbedingt das letzte Wort behalten, das hat sie vom Vater. „Von mir aus mit Vergnügen. Es gibt schon lange nichts, was mich bei dir hält."

Die Wanduhr tickt, der Kühlschrank summt monoton, die Fliege kreist um die Lampe. Eva trocknet ab und räumt das Geschirr weg. Sie braucht keinen Blick zu opfern, um zu wissen, wie Willi jetzt aussieht. Er lehnt in seiner Sofaecke, die Hände überm Bauchansatz gefaltet, die Augen halb geschlossen und überlegt. Weil er das, was eben geschehen ist, unmöglich so hingehen lassen kann. Sie legt die Löffel in die Schublade, als er soweit ist. „Dein Benehmen war, schlicht ausgedrückt, mehr als unqualifiziert, findest du nicht?"

„Das Fernsehprogramm fängt gleich an, und deine Zeitung liegt auch im Wohnzimmer." Eva schließt die Schublade und beginnt das Abwaschbecken zu säubern. Sie wäre gern allein, sie hat genug von Streit und Beschuldigungen, aber sie wird sich noch gedulden müssen. Der Mann hat sich nicht verlokken und ablenken lassen; er sitzt in seiner Ecke und redet. Darüber, daß sich seine Kinder in seiner Wohnung aufhalten können, wo und wie lange es ihnen gefällt, daß in Eva noch Reste der Kleskower Dorfmanieren stecken dürften, sonst fände sie immerhin eine Entschuldigung, nur könne sie die ja gar nicht finden, weil sie dann erklären müßte, warum sie sich derart unmöglich verhalten hätte. Was sei denn groß vorgefallen, oder wolle sie behaupten, daß die Kritik an ihr unberechtigt gewesen wäre?

Eva, die mit dem Becken fertig ist, putzt am blitzblanken Herd herum und preßt die Lippen zusammen. Sie reagiert auch nicht auf Willis Vortrag über die Kollegenfrauen, die samt und sonders unwahrscheinlich tüchtig sind, jedenfalls weitaus tüchtiger als sie, vom Wirtschaftsgeld noch was beiseite legen und ihre Männer öfter mit einer Flasche Bier überraschen. Beispiele hat Willi immer genügend zur Hand. So kennt er einen Ingenieur, der sich ein Einfamilienhaus baut, obwohl die Frau auch zu Hause ist, und einen anderen Kollegen, dessen Familie durch sparsames Wirtschaften den Kauf eines teuren Wagens ermöglichte. Und so weiter – und so weiter. Wie viele solcher Geschichten, in neiderfülltem und belehrendem Ton vorgetragen, Eva schon gehört hat, könnte sie gar nicht mehr sagen. Und sie hat nichts dagegenzusetzen, weil sie längst glaubt, daß es an ihr liegt, wenn Bertrams zu nichts kommen.

Sie schweigt. Schweigen ist ihre einzige Waffe, und die hat sich in langen Ehejahren bewährt. Denn Willis Sprechmechanismus braucht Zustimmung oder Widerspruch wie der Motor das Schmieröl; bleiben sie aus, läuft er sich früher oder später heiß, und der Strom stockt. Mit Schweigen kann sie ihn treffen, Schweigen macht ihn irgendwann unsicher. Diesmal dauert es etwa eine Viertelstunde, bis nichts mehr aus ihm herauskommt. Eva wienert inzwischen an den Hängeschränken herum, und er müßte sehen, daß die Beschäftigung überflüssig ist, aber so was bemerkt er nie. Dann hört sie, wie er sich erhebt. Endlich.

Im Vorbeigehen legt er die Hand um ihren Nacken. Eine Spur von Zärtlichkeit geht von ihr aus und vielleicht auch die Bitte, eine Bitte, die er niemals aussprechen würde, ihm nicht mehr böse zu sein. Doch dafür ist sie jetzt nicht empfänglich. Sie zuckt unter der schweren Männerhand zusammen wie eine Katze, die nicht weiß, ob sie gestreichelt oder geprügelt werden soll. Er spürt es und legt es auf seine Weise aus. „Du hast wieder Rückenschmerzen und dein Kopfweh", sagt er und nimmt die Hand weg. „Ich hätte daran denken sollen, vorhin, als du aus der Haut fuhrst. Wir müssen bald einen Orthopäden für dich suchen, einen guten, damit festgestellt wird, was dir eigentlich fehlt. Und morgen setzen wir uns zusammen hin und rechnen durch, wo bei dir das Geld bleibt und wie wir künftig besser einteilen."

Auch dazu schweigt Eva, weil sowieso nichts draus wird, aus dem einen wie dem anderen, und weil er wir sagt, aber nur sie meint. Das Leben wird so weitergehen wie bisher.
Vor dem Schlafengehen putzt sie die Farbkleckse aus Mischas Pulli. Ihre Gedanken kreisen um den kommenden Morgen. Ob Butter und Wurst reichen werden für die Berge von Schnitten, die Peter und Willi mit zur Arbeit nehmen, besonders Peter, weil er das Mittagessen im Betrieb meistens ausfallen läßt und sein Geld lieber in der Disko ausgibt oder für Kino und Zigaretten. Es könnte auch sein, was Gott verhüte, daß die überpünktliche Zeitungsfrau morgen schon kassieren kommt. Und wegen der Abendmahlzeit muß sie sich den Kopf zerbrechen, denn Gemüseeintopf geht nicht schon wieder.
Die Flecke sind bis auf einen verschwunden. Der sitzt fest, es scheint Kleister zu sein. Eva fingert nach ihrem Taschentuch, um darauf zu spucken, Spucke nützt meistens, und hält die Münze aus Michaels Sparbüchse in der Hand. Dic hatte sie wahrhaftig vergessen, und auf einmal wird ihr leichter zumute. Das Sparschwein. In seinem Bauch stecken mindestens zwanzig Mark. Das Tonschwein könnte sie retten bis zum nächsten Abend, wenn es Haushaltsgeld gibt. Übermorgen, gleich nachdem sie den großen Schein gewechselt hat, wird sie das Geborgte wieder in die Büchse stecken. Natürlich, das ist ganz einfach. Einen Moment denkt sie daran, daß ihre Wirtschaftskasse in der nächsten Woche noch früher leer sein wird als sonst und das Borgen weitergehen könnte, bis auch im Schweinebauch nichts mehr klappert. Aber soweit darf sie es eben nicht kommen lassen. Auf keinen Fall.

Vier Wochen später ist es soweit.
Der Wecker klingelt wie jeden Tag. Schlaftrunken steigt Eva aus dem Bett und zieht den Vorhang auf. Vor den Fenstern steht noch die Dunkelheit, Ende Oktober wird es spät hell. Sie schlüpft ins Bad, kleidet sich mechanisch an und geht in die Küche. Als sie den Kühlschrank öffnet, verfliegt die Schläfrigkeit sofort. Nur noch ein halbes Stück Butter. Wurst und Käse sind auch bald alle, und die letzten Eier muß sie für Willi in

die Pfanne schlagen, er verlangt ein kräftiges Frühstück. Geld, um neue Lebensmittel zu kaufen, gibt es aber erst morgen. Und sie hat schon geborgt, dem Bäcker schuldet sie zwei Mark. Geld – mit diesem Gedanken war Eva gestern eingeschlafen, die Nacht hatte ihn gelöscht, nun ist er wieder da.

Er begleitet sie während der ganzen Morgenzeremonie. Sie weckt die Familienmitglieder in der Reihenfolge, wie sie aus dem Haus müssen, schmiert Schnitten, gießt Tee ein und hat ständig ihr leeres Portemonnaie und den kahlgeräumten Kühlschrank vor Augen. Dann sind sie alle fort, nur Evelyn steht noch ein Weilchen in der Küche herum. Sie hat sich einen karierten Rock gekauft und nachträglich festgestellt, daß sie dazu keinen passenden Pulli besitzt. Ob sie Mutters weißen anziehen dürfe. Eva nickt gleichgültig; es gibt für sie nichts Nebensächlicheres als einen Pullover.

Nachdem die Schritte der Tochter im Treppenhaus verhallt sind, läuft sie ins Zimmer der Jungen. Mischas Sparschwein steht auf seinem Platz im Regal. Sein Bauch ist hohl, sie weiß es, aber noch glimmt ein winziger Funken Hoffnung, daß sich ein paar größere Geldstücke verkrochen haben könnten. Für das Hantieren mit dem Messer reicht ihre Geduld nicht. Sie nimmt einen Hammer aus Peters Bastelkiste und schlägt das Schwein entzwei. Elf Pfennige rollen zwischen den Trümmern umher.

Nichts. Oder was fängt man mit elf Pfennigen an? Sie legt den Hammer zu den Scherben und sinkt auf Peters Bett. Was jetzt? Vielleicht hätte sie Evelyn um einen Zehner bitten sollen? Nein, nur das nicht. Evelyn wartet nur auf eine Gelegenheit, sie zu demütigen, und würde es postwendend dem Vater erzählen. Aber was tun, was bloß tun?

Die Sonne steigt empor, ihre Strahlen fallen ins Zimmer; im Baum vor dem Fenster lärmen die Spatzen. Eva bemerkt es nicht. Eine dumpfe Müdigkeit hat sich ihrer bemächtigt und hält sie umfangen. Betten machen, abwaschen, das Bad in Ordnung bringen, wozu das alles? Was hat überhaupt noch einen Sinn? Liegenbleiben, einschlafen, nie mehr aufwachen, das wäre das beste.

Doch dann hört sie durch die geöffnete Tür die kleine Wohnzimmeruhr schlagen und schrickt auf. Neun Uhr, meine Güte, schon so spät. Und sie muß heute zur Reihenuntersuchung, es ist der letzte Termin. Sie klaubt die Pfennige zusammen, fegt die Scherben in den Mülleimer und sitzt zehn Minuten später in der Straßenbahn. Die Bahn zuckelt von Haltestelle zu Haltestelle, und an jeder steigen Leute zu. Manche klappen ihre Brieftaschen auf, um einen Fahrschein herauszuziehen und lassen alle Welt ihr Bargeld sehen, große und kleine Scheine. Eva will nicht hingucken, aber das Geld zieht ihre Blicke an, es ist zum Verrücktwerden.
Endlich ist sie am Ziel. In der Röntgenstation herrscht um diese Zeit kaum Betrieb. Das Wartezimmer ist noch von den stickigen Ausdünstungen der Patienten erfüllt, die am Morgen hier saßen. Eva verträgt den Geruch nicht. Sie ist froh, daß sie gleich drankommt. Während sie sich in ihrer Kabine eilig wieder anzieht, hört sie die Stimme der Schwester, die schon die nächste zur Untersuchung bittet, und tappende Schritte. Sie knöpft den Mantel zu und schiebt den Vorhang beiseite. Nur schnell hinaus an die frische Luft.
Im Wartezimmer ist niemand. Eine braune, abgewetzte Einkaufstasche steht einsam auf einem der Stühle an der Wand. Eva wirft einen flüchtigen Blick darauf und wendet sich zum Ausgang. Und stockt plötzlich. Eben hat sie etwas gesehen, das sie zurückhält.
Sie dreht sich langsam um.
Das ist es: ein Portemonnaie. Es steckt schräg in der Tasche und ist ebenso abgenutzt. Geld – sie braucht nur zuzufassen. Ein Griff, eine kurze Bewegung, schon ist es in ihrer Manteltasche. Im Nebenraum verabschiedet sich die Patientin von der Schwester. Ohne sich noch einmal umzublicken, geht Eva aus dem Haus.
Dann, in der Straßenbahn, wird ihr übel. Das Herz pumpt schwer, und sie preßt die Schenkel zusammen, um das Zittern zu unterdrücken, das ihren Körper überläuft. Langsam beruhigt sie sich. Am hinteren Ausstieg stehen drei Halbwüchsige mit Schultaschen, sonst ist der Wagen leer. Keiner beobachtet

sie. Vorsichtig zieht sie die gestohlene Börse hervor und öffnet den Verschluß. Ein roter Fünfzigmarkschein. Vor Überraschung preßt sie die Hand vor den Mund.
Fieberhaft beginnt ihr Gehirn zu arbeiten. Den großen Schein darf sie nicht bei ihrem Schlächter in Zissendorf auf den Ladentisch legen. Das würde auffallen, denn dort kennt man ihre Misere. Sie steigt am Neubaugebiet aus, umrundet einen Häuserblock und taucht im Gewimmel der großen Kaufhalle unter. Zuvor aber wirft sie das fremde Geldtäschchen in den Abfallbehälter am Imbißstand. Es versinkt zwischen Wurstpellen und Eisbechern. Geschafft.
Das Angebot der Halle ist verlockend, aber sie kauft nur das Nötigste, Butter, ein bißchen Belag und ein Kilo Rippchen für den Abend. Danach geht sie den langen Weg bis nach Hause zu Fuß. Sie will sich bewegen, die Aufregung sitzt noch zu stark in ihr. Langsam weicht der Alpdruck, doch richtige Erleichterung spürt sie nicht.
Unterwegs begegnet sie Bekannten. Es sind Frauen aus der Gärtnerei, die sich über den Kinderwagen einer Kollegin beugen. Sie lachen, und die junge Mutter strahlt vor Stolz. Eva möchte näher treten und auch das Baby anschauen. Sie kann es nicht, winkt nur einen Gruß und geht weiter. Plötzlich hat sie das Gefühl, daß sie da nicht mehr hingehört, daß sie ausgeschlossen ist und von nun an alles anders sein wird.
Ach, Unsinn. Sie schüttelt die Beklemmung ab und denkt an den Einkauf in ihrer Tasche. Rippchen sind Willis Leibgericht. Er wird zufrieden sein.

Peter Bertram

Den Entschluß hat er an seinem Geburtstag gefaßt. Als ihn ein Gefühl überkam, daß dem Tag etwas fehlte. Jetzt stand seine Absicht fest, doch bis dahin hat er volle drei Wochen gebraucht. Vielleicht würde er sogar noch umkehren, wenn das Mädchen nicht wäre. Es sitzt hinten auf der alten Jawa und hält sich an ihm fest; er spürt die Wärme ihrer Arme durch die Windbluse. Das Mädchen heißt Veronika Schussek und liebt keine Unentschlossenheiten. Er hat sie im Betrieb kennengelernt, sie verputzt Wände und klebt Tapeten. Auf dem Bau hat sie verschiedene Namen, Vera oder Verotschka. Verotschka gefällt ihm am besten. Sie hat darauf bestanden, ihn zu begleiten. Und deshalb muß er nun fahren, darf nicht wenden und bewegt sich unaufhaltsam in eine scheußliche Klemme.

Der Hochsommertag ist blau und voll gleißender Sonne. Felder mit Korn, Kartoffeln oder Mais, dazwischen ein Wäldchen oder nur ein paar Kiefern. Einmal überholen sie eine alte Frau, schwer beladen mit Körben, die bis zum Rand mit Kirschen gefüllt sind. Und viel zu schnell, gleich hinter einem Dorf, tauchen in der Ferne die Türme einer Stadt auf. Dort muß es schon sein.

Veras Faust trommelt auf seinen Rücken. Er bremst, bringt die Maschine auf dem Sommerweg zum Stehen und zieht sich den Helm vom Kopf. „Was ist denn los?“

„Du rast wie ein Teufel, und dort hinten gibt's Kornblumen. Eben sind wir dran vorbei. Richtige Kornblumen, Mann.“

Sie wirft ihren Helm in den Graben und rennt los. Nur weil sie ein Unkraut gesehen hat, das auf den Feldern längst ausgerottet ist, so ist sie, Verotschka.

Peter bockt das Motorrad auf und sieht sich nach einem bequemen Platz um. Auf dem Acker wächst Roggen, kräftig und dicht.

„Ein Bett im Kornfeld“, ein Schlager, bis zum Verrücktwerden in jeder Disko runtergeleiert, fällt ihm ein. Was für ein Quatsch, bloß so, ganz sinnlos die Halme zersielen, die Grabenböschung tut's auch. Ein LKW donnert vorbei, dann ist es still. Und keine Wolke am Himmel. Nur oben, hoch im Blauen, ein Vogel, der seine Kreise zieht. Turmfalke, Bussard oder Habicht, wer soll das wissen, mit Vögeln kennt Peter sich zuwenig aus. Spielt auch keine Rolle, aber das Vieh ist zu beneiden. Vogel müßte man sein, nicht dauernd, das wäre echt langweilig, nur heute.

Der Mulm auf dem Sandweg stiebt. Verotschka, ein bißchen

atemlos und glücklich, kniet sich neben ihn. Sie knüppert den Schnipsgummi von ihrem Zopf und windet ihn um den Strauß. Zwischen die Blumen sind zarte Gräser gesteckt, sieht gar nicht dumm aus. „Da", sagt sie. „Für deine Mutter."

Jetzt, denkt er dumpf, jetzt und nicht zwei Kilometer weiter, und wenn die Welt zerplatzt wie eine Seifenblase; jetzt. Er stützt sich auf den Ellenbogen und schiebt Veras Hand mit den Blumen weg. „Ich muß dir was sagen. Meine Mutter ... Sie ist nicht in einer Heilstätte, und sie ist auch nicht krank."

„Nicht?" Sie läßt sich auf die Fersen fallen und blinzelt verwirrt, wie geblendet. „Aber du hast doch ...?"

„Ja, ja, ich habe. Gelogen habe ich." Er reißt eine dürre Pflanze aus der Böschung und knüllt sie zusammen, obwohl sie sticht, schleudert das Knäuel dann von sich. „Meine Mutter ist im Knast. Sie sitzt ... Verstehst du?"

Veronika rollt sich zur Seite, setzt sich langsam auf und schlingt die Arme um die Knie. „Warum?"

„Warum, warum, geklaut hat sie."

Vera nickt, zögernd, als versuche sie es zu begreifen. „Und du hast dich geschämt, ja? Seit wann ist sie denn ...?"

„Seit Februar." Peter spürt, wie er ruhiger wird. Was hat er denn erwartet? Daß Veronika schreiend die Flucht ergreift, weil er der Sohn einer Diebin ist? Aber vielleicht kommt das noch. „Eigentlich müßtest du die Geschichte mitgekriegt haben. In der Zeitung hat's gestanden. Nicht mit Namen und Adresse, aber die Stadt war voll von Geklatsche und Getratsche, direkt gedröhnt hat sie davon."

„Im Februar", erklärt Vera, „hatte ich meine Bude noch nicht. Und im Wohnheim war immer eine Menge los. Und dich hatte ich ja auch noch nicht."

Sie legt den Kopf auf die Knie und schweigt. Er sieht nur noch ihren Rücken und den Zopf, der angefangen hat, sich aufzukringeln. Von Zopf und Rücken scheint Abwehr auszugehen, Feindseligkeit. Wenn er wenigstens wüßte, was sie denkt, was in ihrem Kopf jetzt vorgeht. Ob sie überlegt, wie sie es ihm sagen soll, daß mit ihnen beiden alles vorbei ist, we-

gen seiner Mutter oder weil er sie belogen hat. Lügen verträgt sie nicht, nur was sollte er denn sonst tun. Er hat geschwindelt, weil er sie behalten wollte. Gleich, von Anfang an, hatte er Angst, sie zu verlieren, immer hat er diese Furcht gehabt. Das Schweigen dauert und dauert, er kann sich nicht länger beherrschen; leise, daß sie es kaum verstehen kann, fragt er: „Und jetzt – es ist aus mit uns, stimmt's?"
Sie hebt die Stirn und wischt mit der Hand über die Augen, irgend etwas wischt sie weg. Und von einem Augenblick zum nächsten, ehe er richtig begreift, was los ist, wirft sie sich über ihn und küßt ihn. Ihr Zopf hat sich restlos aufgelöst, die Haare hüllen ihn ein und kitzeln ihn am Hals. Endlich gibt sie ihn frei. „Räufel dich bloß nicht so auf, Junge. Hauptsache, du bist in Ordnung. Und weil du das bist, kann deine Mutter gar nicht so ein Scheusal sein." Sie steht auf und greift nach ihrem Helm. „Na, komm schon. Den Strauß nehmen wir mit. Trotzdem. Oder gerade."
Später, im Besucherzimmer der Anstalt, fühlt er sich flau. Veronika mußte draußen bleiben, sie hätte auch keine Besuchserlaubnis bekommen, Freundin gilt hier nicht. Die Schachtel mit dem Konfekt, er hat einen Haufen Geld dafür ausgegeben, wurde erst mal einbehalten, nur die blauen Blumen hat man ihm nach peinlicher Prüfung, als ob eine Kreissäge drin eingebunden sein könnte, wieder in die Hand gedrückt. Der Strauß kommt ihm nun affig vor, er legt ihn auf den Fußboden.
Nebenan, hinter einer Wand aus Draht, sitzen schon zwei, Mann und Frau, da guckt er lieber nicht hin. Immer wieder versucht er, sich weiszumachen, daß er das Ärgste überstanden hat, die Gefahr, daß Verotschka ihm davonrennen könnte, weglaufen für alle Zeit. Sie ist nicht gerannt, und daran hält er sich fest. Damit muß er über die zweite Hürde springen, egal wie. Wenn Mama bloß nicht losheult, das verkraftet er nicht, und trösten hat er nicht gelernt. Vielleicht ist sie auch nur sauer, weil er gekommen ist und nicht der Alte. Der Alte, der seit eh und je ihr Götze war und der sich nun einen Dreck darum kümmert, wie es ihr geht.

Doch dann ist es ganz anders. Die Strafgefangene Bertram schaut aus wie seine Mutter, doch auch verändert. Jünger und zugleich strenger und auf eine neue Art aufrecht. Es sind Sekunden, in denen er das wahrnimmt, dann sieht er nur noch das Lachen in ihren Augen, eine solche Freude, wie sie ihm noch nie begegnet ist. Ihn packen und an sich drücken, wie sie es früher getan hat, darf sie nicht, doch ihr Blick umfaßt ihn, er spürt die Wärme fast körperlich. Lange findet sie keine Worte. Er denkt schon, daß sie die Sprache verloren hat, es soll ja allerhand vorkommen in Gefängnissen, aber da irrt er. Sie läßt sich auf den Stuhl sinken und deutet ihm an, daß auch er sich setzen soll. „Daß du nur hergefunden hast ... Und wie kräftig du geworden bist, ein richtiger Mann, erwachsen ... Die Haare trägst du jetzt länger, es steht dir."
Wer würde so was nicht gern hören, aber das interessiert im Augenblick nicht: „Und du?" stößt er hervor. „Wie lebt sich's hier?"
Sie hebt die Schultern. „Ich arbeite. Man meint, ich mach's nicht schlecht. Ich arbeite und kriege Lohn." Ungewohnte Worte aus ihrem Mund, die etwas Selbstverständliches feststellen, das weiterer Rede nicht wert zu sein scheint. Das Thema ist erledigt, das Unumgängliche nicht mehr hinauszuschieben.
Sie faltet die Hände auf der sauberen kalten Tischplatte und beugt sich vor. „Ist daheim alles in Ordnung? Seid ihr gesund? So erzähl doch endlich."
Diese Frage. Er ist nicht unvorbereitet darauf, hat sich Antworten überlegt und Einleitungen, die verhindern sollen, daß sie zu plötzlich und zu hart aus den Wolken fällt. Nun geht das nicht. Denn schon sieht er die Angst um ihre Lippen zukken, ein fieberhaftes Zittern, das mit Halbwahrheiten nicht zu tilgen ist. Er räuspert sich und schluckt und platzt heraus, so schnodderig er kann: „Tut mir leid, aber der Streifen fehlt mir auf dem Film. Weil ich abgehauen bin aus Zissendorf. Weg aus der Bude und weg vom Alten." Und als er sieht, daß ihre Kinnladen auseinanderklappen und sie nach Luft ringt wie ein Fisch auf dem Trockenen, redet er sofort weiter, redet, ehe

das große Lamentieren beginnt. Daß er die Schiedskommission mobil gemacht hat und der Vater sein Gespartes rausrükken mußte, bis auf die letzte müde Mark, daß er umgezogen ist mit Sack und Pack und bei seinem Mädchen wohnt, das er Verotschka ruft, obwohl es eigentlich Veronika heißt, und daß er sich ein Motorrad zugelegt hat, ein gebrauchtes, das aber noch prima in Schuß ist, einwandfrei.
Die Mutter sitzt da wie betäubt, zusammengefallen, die geöffneten Hände schlaff ausgebreitet. Sie ist von der Lawine der Neuigkeiten überrollt worden. Schon immer hatte sie Mühe, Überraschungen in ihrem ganzen Umfang zu erfassen und zu verdauen. So was von erschlagen und hilflos, da könnte einem ja richtig schlecht werden. Und was er losgelassen hat, war ja noch längst nicht alles.
Peter knetet seine Finger. Er schwankt. Vielleicht hält er den Rest der Katastrophenmeldungen zurück, bis zum nächsten Mal. Bloß ob das was wird, ist fraglich. Er hat noch ein paar Prüfungen am Hals, und im Herbst muß er zur Fahne. Dann ist er weg vom Fenster, und niemand kann ihn vertreten, auch Veronika nicht, weil sie noch keine Familienangehörige ist. Das liegt nicht an ihm. Er war dafür, daß sie heiraten, bevor er einrückt, aber sie wollte nicht. Ich bin vier Jahre älter, hat sie gesagt, und du sollst dich nicht gebunden fühlen; warten wir also, und wenn du mich danach noch magst, meinetwegen. Der Kopf von Veronika ist ein Ding für sich, härter als Stahlbeton, aber meistens schaltet er richtig. Auch das, was man Herz nennt, besitzt sie, heute hat er es deutlicher als je zuvor gespürt. Rennt los und pflückt einen Strauß für Mama. – Der Strauß, daß er nicht eher dran gedacht hat. Er greift hinter den Stuhl und holt die Blumen aus der Versenkung. „Für dich“, sagt er. „Von meiner Freundin. Und schönen Gruß auch.“
Die Blüten sind schon ein bißchen zerzaust und lassen die Köpfe hängen, doch das macht nichts. Die Lähmung weicht von der Mutter, ihre Züge leuchten auf. Zögernd streckt sie den Arm aus. „Für mich? Ja, weiß sie denn nicht...?“
„Klar“, sagt Peter, „was denn sonst?“ Mit keiner Silbe verrät

er, daß die Sache vor einer knappen Stunde noch ganz anders stand, er ist heilfroh, weil er endlich einen Übergang gefunden hat. „Vera ist nicht so wie manche... Evelyn, zum Beispiel. Seit die geheiratet hat und in dem Westorfer Nobelschuppen haust, sind wir Luft für sie. Aber frage mich nicht nach der Hochzeit. Die war im Continental, mit dreißig Figuren. Bloß ohne uns."
Peter holt tief Luft und fügt hinzu: „Die Krätze brauchst du deswegen aber nicht zu kriegen."
So, das ist 'raus, und den Tränen, daß dieses weltbewegende Ereignis vorbei und nicht nachzuholen ist, damit vorgebeugt. Doch die Mutter zeigt weder Kummer noch Rührung. Es ist kaum zu fassen, aber irgendwie scheint sie sich vorher abgefunden zu haben. Sie lächelt sogar, zufrieden lächelt sie. „Ich dachte, er nimmt sie nicht mehr. Wegen mir. Da hat sie ja noch großes Glück. Und die Wittichs müßt ihr verstehen. Weil doch die Leute wissen, wo ich bin."
„Quatsch", sagt Peter. „Die Wittichs – großer Unsinn. Der Alte, der Sanitätsrat, ist deswegen extra bei unserm Alten gewesen. Da hatte ich noch nicht die Kurve gekratzt und hab's mitgekriegt. Entschuldigt hat er sich und immer wieder erklärt, wie peinlich ihnen die Geschichte wäre. Die sind nicht verkehrt, die Wittichs, die hätten uns gern gesehen. Evelyn war's, die hat nicht mitgespielt. Ihr Vater, hat sie gesagt, passe absolut nicht ins Continental, in diesen Kreis eben."
Peter will noch erzählen, daß die Schwester jegliches Geschenk von daheim, ja selbst ein Blumengebinde abgelehnt hat, doch die Worte stocken ihm im Hals. Zu sehr erschreckt ihn das Mienenspiel seiner Mutter, so fremd ist ihr Gesicht plötzlich geworden. Sie lächelt immer noch, aber jetzt mit schmalen Augen, die dunklen Wimpern halb zugezogen, und ihre Zungenspitze gleitet spielerisch über die Lippen. Es ist ein böses Lächeln, der Junge kann es nicht deuten, es stößt ihn ab. „Mama", bittet er, „was hast du?"
Ihre Augen öffnen sich, aber sie sehen ihn nicht, und ihre Stimme klingt, als käme sie aus weiter Ferne. „Recht ist ihm geschehen, recht. Dich geht's nichts an, aber mir tut's gut. Daß

es noch eine Gerechtigkeit gibt auf der Welt."

Da soll sich einer auskennen. Was die blöde Kuh Evelyn sich geleistet hat, war das Allerletzte, so was ist ganz schlicht fies, auch wenn der Alte der schlimmste Knatterkopf ist, der zwischen Haff und Elde rumläuft. So lange sie teure Blusen und verrückte Röcke brauchte, um damit vor ihrem Zahnreißer rumzuwedeln, war der liebe Papa gut, jetzt, wo sie's geschafft hat, ist er Ausschuß, Abfall wie die ganze Bertramsippe.

Der Alte hat sich vollaufen lassen an diesem Abend, an dem der Wittich dagewesen war, Peter hat ihn schlapp gesehen und weinerlich in seinem Tran. Es war zum Kotzen, aber in gewisser Weise verständlich, überhaupt, wenn man es mit einigem Abstand betrachtet. Jedenfalls hundertmal verständlicher als Mamas Triumph. Gerechtigkeit, wo ist da Gerechtigkeit, wenn ein Mensch auf seine Leute spuckt?

Die Frau in Uniform, die im Hintergrund steht, neben einer Tür, die hineinführt in die Gefängnisräume, hüstelt. Wahrscheinlich will sie darauf hinweisen, daß die Besuchszeit zu Ende geht. Und eigentlich ist auch genug gesprochen worden. Weitere Sensationen gibt es nicht, und Peter möchte nun wieder Bäume sehen und blauen Himmel, vor allem aber Verotschka. Unruhig rückt er auf seinem Stuhl herum; er weiß nicht, soll er „Auf Wiedersehen" sagen oder „Mach's gut". Aber noch ist es nicht soweit, und die Mutter denkt nicht an Abschied. „Ihr seid in alle Winde gelaufen, Evelyn und du", hört er sie sagen. Ihre Stimme ist wieder normal und nahe, aber voll Bitternis. „Mischa habt ihr im Stich gelassen. Vergessen und fertig. Wenigstens du hättest an den Kleinen denken müssen."

Er hat daran gedacht und nicht nur flüchtig. Es war ein bißchen wie Verrat gewesen, den Mischazwerg Marie-Luise zu überlassen. Damit er sich nicht so einsam fühlen sollte, hat er ihm sein Kofferradio geschenkt. Aber eine Heule ist kein lebendiges Wesen. Mitnehmen, den Kleinen – das ging doch nicht, und zweiteilen konnte er sich nicht, er kam ja gerade mal mit sich selbst klar. Der Vorwurf hat getroffen, deshalb kränkt er ihn doppelt. „Rede besser nicht davon, wer wen im

Stich gelassen hat. Ich soll mich kümmern, ausgerechnet ich . . .?"
Sie nickt, hast schon recht, soll das heißen. Und da stellt er die Frage, die er sich verboten hatte, die ihm aber auf der Seele brennt und schon brannte, bevor sie unter die Räder und die Polizei ins Haus kam. „Mensch, Mama, warum hast du bloß durchgedreht? Bist du damals übergeschnappt oder was? Ich habe zuletzt gedacht, du bist high."
Die Mutter schweigt, ein Schleier legt sich über ihr Gesicht, es wirkt in seiner Verschlossenheit plötzlich leblos. Dieses Gesicht ist ihm vertraut. Sie hat es immer aufgesetzt, wenn es Streit zu Hause gab, wenn der Alte den Koller kriegte oder einen seiner belehrenden Vorträge abzog, aber auch, wenn sich die Geschwister in den Haaren lagen. Das verhangene Gesicht ist eine Maske gewesen, hinter der sie Sorge verbarg, Angst und Widerwillen, das versteht er auf einmal. Und es tut ihm leid, daß er daran gerührt hat. Hätte ich doch die Klappe gehalten und mir die blöde Frage verkniffen.
„Laß mal", sagte er. „So neugierig bin ich nun auch nicht."
Sie streicht mit den Handflächen über Augen und Wangen, sie wischt den Schleier weg. Was dahinter vorkommt, sieht zerquält aus und trostlos. „Aber, Junge, hast du denn gar nicht bemerkt, wie's zuging bei uns? Ich wußte halt nicht mehr aus und ein."
Er entsinnt sich, aber seine Erinnerungen sind anders als die der Mutter. Daß der Alte auf den Moneten saß wie das Huhn auf den Eiern, war viel zu selbstverständlich gewesen, als daß er je darüber nachgedacht hätte, doch daß er sich dann noch seinen, Peters, Lohn unter die Flügel kratzte, hatte ihn maßlos aufgeregt und in einen Zustand hilfloser Wut gebracht, einem schwelenden Brand gleich. Das Feuer war ausgebrochen, als der Vater eines Abends Zigarettendunst in der Wohnung geschnuppert und ein mächtiges Faß aufgemacht hatte; von wegen Verschwendungssucht und Geld nicht einteilen können und wohin das führe, letzten Endes hinter Gitter, habe man ja erlebt. Während des Krawalls, der den Kleinen aus dem Bett und Marie-Luise die Stiegen heraufgelockt hatte, war der Ge-

danke gekommen, Schluß zu machen. 'raus und weg, und zwar endgültig. Das war nicht allzu schwer gewesen, weil es schon Veronika gab. Mama hatte niemand gehabt.
Sie hat auch jetzt, genau besehen, keine Menschenseele, außer ihm natürlich. Der Alte, wenn er frei hat, hockt in der Bude, glotzt in die Zeitung oder in den Fernseher und läßt die Tage laufen. Er hat nichts gewußt von den Dingern, die Mama gedreht hat, ihre Strafe geht ihn nichts an, sagt er, und daß sie erst mal zu Kreuze kriechen soll, wenn die Zeit 'ran ist. Aber daß sie wartet und verzweifelt und dabei vielleicht kaputtgeht, darauf kommt er nicht. So lange haben sie zusammen gelebt, zum Teufel, es kann doch nicht alles schlecht und Mist gewesen sein in diesen vielen Jahren, als daß einer den anderen fallenlassen dürfte, von heute auf morgen. Zu Kreuze kriechen, das wird der Alte doch nicht im Ernst meinen. Niemals. Aber es kritisiert ihn ja keiner. Weil er immer die erste Geige gespielt hat, auch auf seiner Arbeit.
Peter denkt und denkt und kommt zu dem Ergebnis, daß er sich mit dem heutigen Tag Verantwortung auf den Rücken gewälzt hat. Er starrt auf die Tischplatte, Sprelacart, grau in grau gemustert, und faßt einen heroischen Entschluß. „Ich würde", sagt er, „ich meine, wenn du's willst, gehe ich mal hin zu Papa und mache ihm Dampf unterm Hintern. Daß er sich besinnt und dich endlich besucht. Glaube bloß nicht, daß ich mich nicht traue."
„Nein", antwortet die Mutter. „Untersteh dich." Nicht einen Augenblick hat sie überlegt, kein noch so schwacher Hoffnungsschimmer erhellte ihr Gesicht. Es ist jetzt nur noch streng, streng und abweisend. „Ich verbiete es dir, hörst du? Er soll von sich aus kommen. Freiwillig oder gar nicht."
„In Ordnung", sagt Peter, ziemlich erleichtert, daß sein Opfer nicht angenommen wurde. Und mehr mit dem Gefühl als mit dem Verstand erfaßt er, daß ihre Antwort richtig war, wenn sie auch in keiner Weise zu dem Bild paßt, das er von ihr hatte. Er würde gern wissen, wer und was sie verändert hat, doch das erfährt er nun nicht mehr. Denn bald danach steht er wieder draußen vor dem Tor. Aufgefordert, sich zu verabschieden,

hat er nicht „Auf Wiedersehen“ oder „Mach's gut“ gesagt, sondern „Tschüs“, so, als ob sie sich nur auf Stunden trennten. Die Sonne blendet ihn, sie steht noch hoch am Himmel, dabei fühlt er sich, als wäre ein langer Tag vergangen. Als hätte er Steine verladen oder Gräben ausgehoben, derart weich in den Knien.

Veronika erwartet ihn unter der Kastanie, wo er sie zurückließ. Sie hockt auf dem Rücksitz der Jawa und hat sich gekämmt, das Zopfende dreht sie um den Finger. „Du siehst mitgenommen aus“, stellt sie fest. „War's sehr schlimm?“ Er schüttelt den Kopf. „Gib mir 'ne Zigarette.“

„Jetzt gleich und hier?“ wundert sie sich, kramt aber die Pakkung aus der Tasche. Er tut einen tiefen Zug und noch einen und sagt: „Ich bin ja auch schuld an dem Drama. Ich wollte immer nur fressen.“

Zerrissenheit

Die Mangeln laufen und spulen die Minuten ab. So war es alle Tage. Aber heute scheint die Zeit zu schleichen. Die Zeiger an der großen Uhr, vorn über der Tür, kriechen im Schneckengang. – Noch zwei Stunden bis Feierabend, o du lieber Himmel. Mein Kopf dröhnt wie ein Dampfhammer. Ich möchte 'raus hier, auf den Hof, an die frische Luft, und wenn's nur für eine Viertelstunde wäre. Die Uhr scheint zu stehen. Aber entzwei ist nicht sie, sondern ich; ich bin kaputt, fertig bin ich.

Die ganze lange Nacht hab' ich nicht geschlafen. Ich lag mit offenen Augen und dachte an meine Kinder. Was aus ihnen geworden ist durch mich. Die Neue schlief auch nicht. Stunde um Stunde schmiß sie sich auf der Pritsche hin und her. Ich hätte hingehen sollen und sie ein bißchen trösten; wenn sie meine Hand gefühlt hätte, wäre sie vielleicht ruhiger geworden. Ich hätte ihr helfen müssen, aber mir fehlte die Kraft. Und ich war mir auch nicht mehr so sicher. Ich weiß wirklich nicht, ob ich besser bin als die Mutter von der Neuen.

Vor vierzehn Tagen, oder war's erst vorige Woche, wurde die

Alte weggebracht. In die Klinik, hat es geheißen, weil ihr Herz Sperenzchen macht. Wenn sie gesund ist, darf sie gehen. Sie will zur Schwester, die ist verwitwet und hat ein Häuschen mit Garten, dort wird sie wohl zur Ruhe kommen. Die Alte verschwand, und die Neue kam. Claudia heißt sie und ist erst achtzehn Jahre alt, ein halbes Kind noch und so verstört. Man möchte nicht glauben, was sie alles auf dem Strafkonto hat. Die Schwarze war gleich obenauf, hat sich die Hände gerieben; denn sie dachte, da ist wieder eine, an der sie sich abreagieren kann. Hat sie gedacht. Aber nicht mit uns. Karin und ich haben es ihr versalzen. Falls du das Mädel teufelst oder ihm einen Schabernack spielst, kriegst du's mit uns zu tun, verlaß dich drauf, haben wir ihr gesagt, und nun wird sie sich erst mal vorsehen.

Die Neue hat gar nicht verstanden, worum es dabei ging. Ich hab' mich ein wenig bemüht um sie und hab's auch geschafft, daß sie sich ausgesprochen hat. Kommt man in die Anstalt, ist man zuerst wie mit dem Hammer betäubt, mir ging's ja genauso. Karin hat mir auf die Beine geholfen. Das dank' ich ihr, auch wenn wir nicht mehr so gut miteinander sind wie am Anfang.

Für Claudia sind wir beide alte Schrullen, bloß daß sie zu mir das meiste Vertrauen hat. Warum, das kann ich mir nicht denken. Daß sie verurteilt ist wegen Landstreicherei, Einbruch und Diebstahl, wissen hier alle, aber weswegen sie reingeschlittert ist, hat sie nur mir erzählt. Was es nicht alles gibt, man möchte immerzu die Hände überm Kopf zusammenschlagen. So ein Theater, solche Grausamkeit bei Leuten, denen es an nichts fehlt. Der Vater von dem Mädel ist ein hoher Direktor, die Mutter hat auch einen feinen Posten. Haus, Auto, was man sich wünschen kann, ist vorhanden, nur für das Kind war keine Zeit. Höchstens wenn's um die Schule ging und Claudia mal eine Zwei heimbrachte statt einer Eins. Denn sie sollte das Abitur machen und danach studieren, unbedingt. Immer hat das arme Wurm Angst gehabt vor den Zensuren und vor den Eltern, daß sie in den Ferien eingesperrt wird, um Mathe zu pauken, und daß sie nirgendwohin darf, wenn der Durchschnitt nicht stimmt. Bis zur zwölften Klasse wär's trotzdem gegangen, hat sie gesagt, aber dann war was mit einem Jungen, Liebeskummer, denk' ich mir, und da hat sie durchgehangen. Ist durch zwei Prüfungen gefallen. Nichts mit dem Abitur, aus. Sie hat sich nicht mehr nach Hause getraut. Ausgerückt ist sie, bevor's die Eltern erfahren haben, abgehauen an die Ostsee, auf die Insel Rügen. Geschlafen hat sie in Strandkörben oder im Heu, bloß daß sie eben kein Geld hatte. Bis sie auf solche Typen stieß, die Erfahrung hatten im Geld beschaffen. In einem Kiosk wurden sie geschnappt, zur Mittagszeit, als sie an der Kasse waren, die Verkäuferin machte gerade Pause.

Gut, daß sie's mir und nicht Karin erzählt hat. Die wär' fix bei der Hand gewesen mit ihrer Meinung. Ich hör' sie richtig. Warum, bitte schön, hast du dir keine Arbeit gesucht? Hat dir dein logischer Verstand nicht gesagt, wie das enden muß? Ich glaube, das Mädel, die Claudia, hat in diesen Wochen überhaupt keinen Verstand gehabt. Und es wird eine Weile dauern, bis er wieder beisammen ist. Ich hab' nicht gefragt und nicht gemäkelt, nur zugehört. Und mich gewundert, daß solche Eltern sich nicht verantworten müssen. Und dann hab' ich gedacht: Du bist zwar ein Sträfling, Eva Bertram, aber ein Elternhaus, wo man ausreißen muß, haben deine Kinder nicht. Sie hatten es besser, ich bin immer für sie dagewesen.

Ich und meine Kinder. Was ich mir eingebildet habe. Und auch weiter eingebildet hätte, wenn Peter nicht gekommen wäre. Sie haben sich davongemacht, meine Kinder. Anders zwar, aber sie mögen es ebenso nicht leiden, ihr Elternhaus. Essen, Trinken, saubere Wäsche, ein warmes Bett, das war meine Sorge. Zuwenig, viel zuwenig. Peter ist ein ordentlicher Junge, das steckt in ihm drin, er wird mir nicht ganz verloren sein, hoffentlich. Aber Evelyn. Nur Eigennutz und Sinn für Glanz und Geld. Keine Achtung vor anderen Menschen. Und warum? Von mir hätt' sie's lernen müssen, ich hab's ihr nicht beigebracht.

Was ist das, dieser dumpfe, knirschende Ton? Halt, halt... Zu spät. Großer Gott, was hab' ich angestellt?

Die Maschine steht, jemand hat sie abgeschaltet. Das grüne Badelaken, eben hielt ich's noch in den Händen, ist in den Walzenhals geraten, festgewürgt hat es sich. Ich zerre dran, vielleicht ist es noch zu retten. Nein – verpfuscht. Ein langer gezackter Riß, an den Rändern kohlschwarz vom Schmieröl, gerade noch gut als Putzlappen.
Karin, mir gegenüber, schüttelt den Kopf, langsam und vorwurfsvoll: Daß dir so was passieren mußte. Und wie aus dem Boden gestampft, steht die Frohwein hinter mir. „Gehen Sie an die Packstrecke, Strafgefangene Bertram. Ihren Platz hier wird die Strafgefangene Kalmann übernehmen."
Die Schwarze. Das ist eine Gemeinheit. Als ob ich nicht schon genug niedergeschmettert wäre. Ausgerechnet die. Nie ist mir was schiefgegangen. Die Schwarze wird jubeln, darauf hat sie bloß gewartet. Da kommt sie schon. Stolz wie eine Gräfin und mit einer Miene: Da seht ihr endlich, was an der Bertram dran ist. Ich schaue mich um. Grinsen. Ein paar gucken zwar weg, aber für die meisten ist mein Pech das reinste Vergnügen.
Na, wird's bald, Strafgefangene Bertram, sagt die Frohwein. Ich schlepp' mich 'rüber ans Packband, Blei in den Knien und Nadeln im Rücken von all den giftigen Blicken. Daß die Frohwein mir das antun konnte. Wenn Sie Schwierigkeiten haben, hat sie erklärt, es ist noch gar nicht so lange her, sind wir auch noch da. Pustekuchen. Der glaub' ich noch was. Für die sind wir sowieso nur Pack, das man schikanieren darf.
Das Band ruckt an. Strippe ums Paket, wenden, Strippe abschneiden, die Nächste macht die Knoten. Nur jetzt nicht zurückbleiben. Das Badelaken werd' ich ersetzen müssen von meinem Lohn. Halb so wild. Aber die Schwarze. Und die Arbeitsbesprechung. Da bin ich mode, die werden sich an mir schadlos halten, mit dem größten Vergnügen. Und die Frohwein wird's zulassen.
Wird sie das? Ich weiß nicht, sie war eigentlich immer gerecht. Ich halt' es trotzdem nicht durch, wenn die anderen über mich herziehen. Ob ich nachher zur Frohwein gehe und sage, ich mach's nicht mehr, dieser Posten ist mir zu schwer, ich bin nicht geeignet? Da können sie mir gar nichts, und ich habe

meine Ruhe. Wer sich nicht vordrängt und nicht auffällt, hat keine Hudelei. Aber was wird die Frohwein denken? Daß ich feige bin und sie sich in mir geirrt hat, das wird sie denken. Daß ich anderen ihren Pfusch unter die Nase reibe und nicht zu meinem eigenen stehe. Ein Versager, durch und durch. Und Karin wird sich hinstellen, und mit den Schultern zukken: Ich habe dich gewarnt.

Nein. Strippe drum, wenden, Strippe abschneiden. Den Gefallen tue ich denen nicht, nicht den gehässigen Weibern, nicht der Schwarzen, und auch vor Karin will ich mich nicht bloßstellen. Die Frohwein soll sich nicht getäuscht haben, selbst wenn das vorhin eine Niedertracht von ihr war. Nein.

Ich darf nicht in die Gegend träumen, ich muß wirklich besser aufpassen. Peter ist schuld, er hat mich ganz aus dem Trott gebracht. Irgendwie hatte ich gehofft, die Kinder wären noch zu Hause, alles so, wie es früher war. Dabei ist die Familie auseinandergebrochen. Und auch ich bin nicht mehr die alte. Ich werde mich nicht mehr verkriechen können, wenn mir Unrecht getan wird. Es wird ganz einfach nicht mehr gehen.

Als ich das gestohlene Geld im Wäscheschrank hatte, war ich auch nicht ich selbst. Aber das ist ein anderer Zustand gewesen. Ich hab' nicht nachgedacht. Ich gab mir sogar Mühe, nicht zu denken, denn sonst wäre ich aufgewacht, und davor hab' ich mich gefürchtet. Nur für den Tag leben, die Stunde genießen, um Himmels willen nicht an morgen denken. Aber was war das für ein Leben?

Ich dachte, du warst high, hat Peter gestern gesagt. Der Junge hat mich gut beobachtet; es ist was Wahres dran.

Sechstes Erinnern: Rausch

Der erste Schnee ist da. Dicke Flocken, zu schwer, um liegenzubleiben, aber prachtvoll sieht er aus. Fast tut es Eva leid, die weiße Decke mit ihren Stiefeln zu zertreten. Wo sie gegangen ist, bleibt eine graue, häßliche Spur zurück. Sie sieht diese Spur beim flüchtigen Umdrehen, und ein Schaudern packt

sie. Ihr ist, als könne jeder erkennen, wer da gegangen ist. Sie zieht den Schal fester um den Hals und schreitet rascher aus.
Eva ist auf dem Weg in die Gärtnerei. Advent steht vor der Tür, da binden sie dort Kränze in Unmengen, nach Totensonntag das beste Geschäft des Jahres. Der alte Werner steht auf einem Hänger und lädt das Material ab, Berge von Reisig, die nach Wald und Frische duften. „Fein, daß du uns helfen kommst", ruft er ihr entgegen. „Du kannst dir die Weihnachtsgans verdienen und noch mehr. Wir zahlen gut." Sie lächelt, weil das nur ein Scherz war. Der Alte weiß genau, weswegen sie hier ist und einen abgewetzten Beutel aus der Tasche zieht. Jedes Jahr holt sie sich ein bißchen Tanne für ein Adventgesteck, das fällt nebenbei ab. Der Mann klettert vom Hänger, sucht bedächtig ein paar Zweiglein zusammen, auch Blautanne ist dabei, und erzählt des langen und breiten von der Geburt eines Urenkelchens. Daß er das noch erleben durfte, welch Geschenk des Himmels.
Eva tritt nervös von einem Bein aufs andere und bedankt sich hastig. Der Alte, enttäuscht, daß sie zu keinem Schwätzchen aufgelegt ist, betrachtet sie näher. Ihre Wangen glühen, und aus den Augen strahlt ein flackriger Glanz. „Du bist doch nicht etwa krank, Mädchen?" fragt er besorgt.
Eva wehrt ab: „Was du denkst. Ich war nur eben in der Stadt, und die scharfe Luft ..."
„In dir steckt was", beharrt er. „Du bist ganz verändert, wirst dir gewiß ein Fieber eingefangen haben. Na, lauf schon. Und gib auf dich acht."
Sie läuft wirklich, rennt in ihrer eigenen Spur zurück, bis sie sich vor seinen Augen sicher weiß. Zu Hause schleicht sie die Treppe hinauf, steigt über die ewig knarrende vierte Stufe hinweg und gelangt, erleichtert, weil Marie-Luise sie nicht bemerkte, in die Wohnung. Marie-Luise spioniert ihr nach; sie zählt die Stunden, die Eva fort ist, und stellt neugierige Fragen. Und jeden Tag kann man ja nicht in der Poliklinik oder beim Zahnarzt gewesen sein.
Noch im Mantel, geht Eva ins Schlafzimmer und entleert ihr

Portemonnaie auf der Bettdecke. Dreißig Mark. Vierzig waren es, nicht ganz zehn hat sie unterwegs ausgegeben. Sie öffnet den Wäscheschrank und tastet nach dem Umschlag mit ihrem Vorrat. Ein Kältezittern befällt sie, als sie ihn in der Hand hält. Wie geschwollen er ist, wie dick und fest. Eigentlich müßte sie mal zählen, aber davor fürchtet sie sich. Eilig schiebt sie die drei neuen Scheine hinein und befördert den Umschlag wieder in sein Versteck. Fertig, Gott sei Dank!

Während sich Eva im Bad die Hände wäscht, fallen ihr die Worte vom alten Werner ein. Im Spiegel prüft sie ihr Aussehen. Das Gesicht ist gerötet, na ja, aber von wegen verändert und fiebrig, sie kann nichts dergleichen feststellen. Ich bin, wie ich war, niemand kann mir was ansehen, weiter nichts als Einbildung.

Am Nachmittag sitzt sie über dem Adventsgesteck. Das hat ihr schon immer Spaß gemacht. Sie denkt bereits daran, wenn sie im späten Sommer die gelbe Schafgarbe und die roten Glokken der Lampionblume dafür trocknet, natürlicher Schmuck gefällt ihr besser als Lametta und Glitzerband. Die Holzunterlage ist die alte, der Draht der gleiche wie im Vorjahr, aber die Arbeit geht ihr nicht von der Hand. Entweder fallen Zweige und Trockenblumen auseinander, oder die Anordnung sieht nach nichts aus, sie zersticht sich nur die Finger. Woher das kommt – unverständlich. Sie nimmt eine von den Beruhigungspillen, die ihr der Doktor gegen die Migräne verordnet hat, und versucht es erneut. Es wird und wird nichts. Als ob sie über Nacht zwei linke Hände hätte, so ungeschickt ist sie.

Mischa kommt nach Hause, ausnahmsweise zeitig. Er sieht das unvollendete Werk und das Durcheinander auf dem Tisch. „Mache mir lieber eine Schnitte", sagt er, „und laß mich das fummeln. Ich werd's schon zusammenbauen." Er fängt auch gleich an. Sie schmiert dem Kleinen ein Brot und freut sich, daß er so fixe Finger hat. Und ist traurig über ihre Unfähigkeit. Was ist das bloß mit meinen Händen, warum gehorchen sie mir nicht mehr?

Eine Weile schaut sie dem Jungen beim Hantieren zu. Es ist

lustig, denn er redet mit den Dingen und gibt ihnen Namen. Die fette Lampionblume nennt er Auguste, zum Draht sagt er Paul. „Reiß dich zusammen, Paule, sonst kriegst du was mit dem Hammer." Doch lange reicht Evas Geduld nicht. Die schöne Ruhe, mit der sie früher dabeisaß, wenn Michael malte oder bastelte, ist auch abhanden gekommen.
Zeitig bereitet sie das Essen vor. Es soll Frikadellen mit Bratkartoffeln geben, dazu Gewürzgurken. Sie knetet den Fleischteig und teilt Portionen ein, für jeden zwei, und drei Klopse extra für Peter, der wieder wolfshungrig sein wird. Soll er was im voraus haben, dann schlingt er später nicht so entsetzlich und erregt keinen Ärger.
Sie hat richtig kalkuliert. Sofort wittert der Junge das Gebratene. Ohne den Anorak abzulegen, stopft er die Frikadellen in sich hinein, stopft und schluckt, als könnte ihm jemand etwas wegnehmen. Bald darauf tritt Willi in den Flur. Sie hört seinen schweren Gang, wie er die Tasche unter die Garderobe stellt und ächzend die Schuhe abstreift. Früher war sie ihm dabei behilflich, um seine Laune aufzubessern, das darf sie sich jetzt sparen. Sorgfältig deckt sie den Tisch mit einer rotkarierten Leinendecke, stellt Brot und Butter bereit und vergißt auch den Senf nicht.
Das Abendbrot ist Evas Stunde, jetzt, in letzter Zeit. Recht eigentlich beginnt damit erst ihr Tag. Wie es ihnen schmeckt, wie sie reinhauen, nicht mal Evelyn kann widerstehen. Es ist eine Augenweide, das mit anzusehen. Und noch angenehmer, Willis Lob in sich aufzunehmen. „Lecker, lecker, und das am Freitagabend. Wie hast du das wieder zuwege gebracht, Evchen?"
Das Lachen sitzt ihr locker im Hals. „Gekratzt hab' ich die ganze Woche und kaum noch einen Pfennig. Das hier sind bloß die Reste."
Darauf Willi: „Solche Reste lasse ich mir gefallen. Das nenne ich wirtschaften."
Sie nickt, weil sie gerade einen Bissen im Mund hat, und strahlt ihn an, wohl wissend, wie seine Rede weitergehen wird.
Die Klopse, die reichliche Freitagsmahlzeit, sind sein Ver-

dienst, denkt er – er kann ja gar nichts anderes glauben. „Ich hatte also recht, als ich mit dem Wirtschaftsgeld eisern blieb. Und nun siehst du's ja auch ein."

Wieder nickt sie stumm, weil es ihr kaum gelingt, eine irrsinnige Heiterkeit zu unterdrücken. Red du mal, denkt sie siegestaumelig. Ich weiß etwas, was du nicht weißt und was du nie erfahren wirst.

Evelyn steht zuerst auf. Halb und halb entschuldigt sie sich beim Vater, spricht vom Kino und daß sie sich noch umziehen müsse. Er lächelt nachsichtig, gönnerhaft. Kino, das wissen alle, ist die Umschreibung für einen jungen Mann, Klaus Wittich, der sich sehr um Evelyn bemüht. Oder sie um ihn. Vorgeführt wurde er ihnen noch nicht; die Geschichte scheint erst in den Anfängen zu stecken. Aber Willi hat sich erkundigt, der junge Wittich, wenn was draus wird, ist eine ausgesprochen gute Partie. Wozu man allerdings sagen muß, daß er sich mit Evelyn auch sehen lassen kann. Eva bekäme den Zukünftigen gar zu gern einmal zu Gesicht, doch das wagt sie nicht zu sagen. Obwohl es zwischen ihr und Evelyn jüngst etwas besser geworden ist, fürchtet sie ihre ironischen Antworten nach wie vor.

Auch Peter steckt irgendein Film im Kopf, möglicherweise sogar ein richtiger. Vorerst jedoch hat er keine Eile, sondern noch immer Appetit. Es ist geradezu märchenhaft, was in ihn hineingeht. Willi findet es unverschämt, und er hält mit seiner Ansicht nicht hinterm Berg. Eines der üblichen Gewitter zieht sich zusammen, wenn Eva die Wolken nicht zerteilt. Das kann sie nun, fühlt sie sich doch stark genug, jedes Unwetter zu verjagen. „Pfeif doch mal", sagt sie kichernd. „Vielleicht kommt die Wurst auf deinen Teller gesprungen."

Es schüttelt sie vor Vergnügen, der Kleine, selbst Willi, werden davon angesteckt. Nur Peter tippt sich an die Stirn, er zeigt, wie albern er ihr Lachen findet. Mürrisch schiebt er sich hinterm Tisch hervor, sagt „Mahlzeit" und geht. Der Junge versteht aber auch nicht das kleinste bißchen Spaß, denkt Eva.

Lange danach, die Abendarbeit ist getan, das Lendenstück für den Sonntag angebraten und Mischa ins Bett geschickt worden, gibt es eine Überraschung. Willi erhebt sich aus dem Sessel vor dem Fernseher und stöbert im Flur herum. Mit einer Flasche Dessertwein und einem großen Pilsner für sich kommt er zurück. Er setzt Gläser zurecht, schenkt ein und prostet Eva zu. „Das haben wir uns auch mal verdient", sagt er. „Überhaupt, wo du jetzt so tüchtig bist und anständig für uns sorgst." Der Wein ist süß und klebrig, und über den Bildschirm flimmert ein Unterhaltungsprogramm mit schönen Ballettdamen und schmalzigen Schlagern. Zwei Komiker treten auf und nach ihnen eine berühmte Sängerin, die huldigt der Erinnerung an einen Martin, der so unbeschreiblich wunderbar war. Eva lacht und ist zu Tränen gerührt, und ununterbrochen klopft hinter ihrer Stirn das Wort „Tüchtig, tüchtig, tüchtig ..."

Na, was denn? Lange genug war sie die Dumme, jetzt ist sie tüchtig.

Mitten in einer Ballettszene, du liebe Güte, die haben ja rein gar nichts mehr an, weht ein kühler Hauch ins Zimmer. Auf der Schwelle steht Marie-Luise. Ihr Fernseher tückscht, die Bilder hopsen, ob Willi rasch nachsehen möchte. Er möchte nicht, seinetwegen morgen vormittag, jetzt ist er abgespannt. Aber Marie-Luise dürfe gern bleiben und sich den Rest des Programms bei ihnen ansehen, es sei sowieso gleich zu Ende. Eva holt ein Glas für sie, man kann doch nicht unhöflich sein. Die Geschiedene stört wieder mal zur Unzeit, aber Eva ärgert sich nicht; es geht ihr ja so gut.

Marie-Luise nippt und schweigt und schweigt und nippt. Der Abspann rollt; Willi schaltet das Gerät aus und meint, es sei höchste Zeit zum Schlafengehen. Das Signal für den Besuch, sich zu erheben. Marie-Luise tut es auch. Sie läßt ihre Blicke über den Tisch schweifen, ein einziges Verwundern. „Bei euch scheint ja der Wohlstand ausgebrochen zu sein. Habt ihr gewonnen? Mir könnt ihr's doch erzählen."

Eine durch und durch harmlose Frage. Eva zuckt zusammen, die leeren Gläser in ihren Händen klirren. Wie ein hoch Fiebernder, der ab und zu eine lichte Phase hat, spürt sie die Gefahr, die Spitze des geöffneten Messers. Alle Sinne spannt sie und lauert, in ihren Ohren singt und saust das Blut. Noch ein Wort, und ich geh' ihr an die Gurgel, ich dreh' ihr die Luft ab, der Hexe. Noch ein Wort, und ich vergess' mich. – Jetzt hört sie Willi reden. Seine Stimme tönt, als käme sie aus einem Ofenloch, so dumpf und entfernt. „Schön wär's", sagt er, „aber das Geld findet allemal nur dorthin, wo schon genug liegt. Wir und im Lotto ... das wäre ein Wunder."

„Es gibt verschiedene Wunder", erwidert Marie-Luise und entblößt ihre Zähne. „Wunder, von denen mancher nichts ahnt. Paß bloß auf, Willi Bertram, wenn du nicht mit Blindheit geschlagen bist." Sagt es, rafft ihren Morgenrock über der schlaffen Brust zusammen und entschwindet. Die Flurtür zieht sie sachte hinter sich zu, lautlos, daß man meinen könnte, ein Spuk sei entflohen.

Die Stille danach ist abgrundtief. Sie lastet schwer auf Evas Brust und Schultern und droht, sie zu ersticken. Sie darf sich jetzt nichts anmerken lassen. Und auch nicht länger schweigen. Irgend etwas erzählen, nur schnell, damit er abgelenkt wird. Schon öffnet sie die Lippen, da sagt Willi, ärgerlich auflachend: „Sie spinnt, die Gute. Total verkalkt, es kann einen jammern. Und sie war mal so eine patente Frau."

Erlöst. Erlöst und erleichtert. Die Brust wird wieder frei und auch der Kopf. „Nimm's ihr nicht übel", stimmt Eva zu und trifft genau den Ton zwischen Großmut und Mitleid. „Das ist das Gehirn. Hoffentlich setzt es bei ihr nicht mal ganz aus."

In der Küche überfällt sie Erschöpfung. Es ist das gleiche Gefühl völliger Kraftlosigkeit, das sie jeden Vormittag empfindet, wenn sie, eine fremde Geldbörse in ihrer Handtasche, wieder in der Straßenbahn sitzt. Sie stellt die Gläser ab, lehnt sich mit dem Bauch gegen die harte Kante des Abwaschtisches und lacht in sich hinein. Lacht und lacht und muß sich festklammern, um nicht zu schwanken. Marie-Luise hat ausgespielt, ihre große Rolle als Wachhund und Zuträger ist vorbei. Sie ist eine Verrückte, die bloß noch Unsinn plappert, eine Verrückte und fertig.

Willi hat sich inzwischen niedergelegt. Die ständige Arbeit im

Stehen, das Hantieren überm Kopf sind ihm aufs Kreuz geschlagen. Besonders bei feuchtem Wetter plagen ihn Schmerzen. Im Betrieb verliert er kein Wort darüber, sonst stempeln die ihn dort womöglich zum alten Eisen; vor Eva hat er keine Hemmungen. Als sie unter der Dusche steht, ruft er schon ungeduldig nach ihr. Sie nimmt eine Schlaftablette, die hilft gegen schlimme Träume, und reibt ihm Rücken und Hüften ein. Er grunzt wohlig, die Massage tut gut. Und dann dreht er sich auf die Seite und zieht Eva zu sich ins Bett. Eigentlich ist ihr nicht danach, sie hat nie was dran gefunden, aber es gehört halt dazu, und oft greift er ja nicht mehr nach ihr. Sie gibt sich auch Mühe, denn er wird brutal, wenn sie steif und starr wie ein Klotz liegt. Grob ist er immer gewesen, von Anfang an, es fehlte stets ein bißchen Zärtlichkeit. Das hat er nicht gelernt bei Marie-Luise, die seine zweite oder Dritte war, jedenfalls die Frau, mit der er vor Eva am längsten gelebt hat. Marie-Luise, die daraus Rechte ableitete bis zum heutigen Tag. Man müßte ihr auch noch den letzten Giftzahn ausbrechen.
Sie liegen nebeneinander und ruhen sich aus. Eva faßt nach der Hand auf der anderen Bettdecke. „Ich hab' eine Bitte", sagt sie und schnell, ehe er fragt, ob sie ein Nachthemd braucht oder Strumpfhosen: „Wir wollen unsere Tür jetzt immer abschließen, ja? Marie-Luise kann klingeln oder klopfen, wenn sie was braucht. Kann sie doch, nicht wahr? Nämlich, sie ist mir unheimlich geworden, und wenn sie plötzlich in der Küche steht und wirre Sachen redet . . ."
Das Ende des Satzes läßt Eva hängen wie eine Angel, sie wartet und drückt Willis Hand. Er brummt ein bißchen vor sich hin und entschließt sich. „Meinetwegen, mir ist sie auch nicht mehr ganz geheuer. Aber sei freundlich zu ihr." Das verspricht Eva, was wäre leichter als das. Und denkt dabei, daß sich die alte Natter noch wundern wird.
Der Mann rollt sich auf die Seite, er schläft rasch ein. Eva liegt mit geschlossenen Augen, schon umnebelt vom Schlafmittel, und schaukelt auf einer Woge des Triumphes. Bewältigt, geschafft, sie hat gesiegt. Endlich ist sie Herrin im Haus.

Staatsanwalt Hegewald

Da ist die Strafsache Kalmann. Eine Diebes- und Hehlerbande war aufgeflogen. Sie hatte seit dem frühen Sommer auf dem Campingplatz am See gehaust. Das Haupt der Bande, Ortfried Kalmann, im Strandlokal als Koch beschäftigt, wurde festgenommen, dazu ein Kellner, der als Vermittler fungiert hatte.

Die Akte liegt seit einer Woche auf dem Tisch von Staatsanwalt Hegewald. Sie ist unvollständig, denn es erscheint ausgeschlossen, daß zwei Mann die ganze unsaubere Arbeit allein tun konnten, aber Kalmann wie auch der Kellner stellen sich stur und wollen absolut keine Helfer gehabt haben. Ortfried Kalmann kam zum Saisongeschäft an den See, eigentlich hat er seinen Wohnsitz in einer entfernten Großstadt. Doch dort wohnt jetzt niemand, weil Kalmanns Frau zur Zeit eine Straftat absitzt. Wegen einer ähnlichen Geschichte – ihrem Mann konnte seinerzeit nichts nachgewiesen werden. Angesichts der neuen Ereignisse hat Hegewald guten Grund anzunehmen, daß das Ehepaar schon immer gemeinsame Sache gemacht hat; er und die Genossen von der K hoffen, durch erneutes Recherchieren auch auf die Spur der unbekannten Komplizen zu stoßen.

Die Frau kann mehr wissen, als sie damals zugegeben hat, und sie wird jetzt vielleicht leichter auspacken. Hegewald nimmt sich vor, sie aufzusuchen und zu befragen. Dabei fällt ihm ein, daß in der Anstalt, in der die Kalmann gefangengehalten wird, auch eine andere ihre Strafe verbüßt: Eva Bertram, die Taschendiebin. Möglich, daß sich die beiden kennen. In der Haft, gegenüber Gleichgestellten, sprechen sich die meisten Täter aus, entweder um sich zu erleichtern oder um Kumpane für neue, spätere Straftaten zu testen. Es kann sein, daß die Bertram besser über die Vergehen und die Komplizen des Ehepaares Kalmann unterrichtet ist als Polizei und Staatsanwaltschaft. Ob sie allerdings bereit sein wird, ihm zu helfen, ist eine andere Frage. Die Bertram kann schweigen. Aber vielleicht war sie damals vor Gericht nur stumm wie ein Fisch,

weil es um ihre eigenen Verfehlungen ging und weil der Mann im Saal saß, dieser mächtige Kerl mit der komischen Stimme, der ihr unbedingt verminderte Zurechnungsfähigkeit bescheinigen wollte. Und es interessiert Hegewald auch, was aus ihr geworden ist. Hat er doch all die Wochen, in denen er sich mit ihr abplagte, das Gefühl gehabt, daß sie trotz ihrer Schuld eher unglücklich als eine Verbrecherin war. Mal von den Fakten abgesehen, ist vieles unklar gewesen an der Geschichte.
Hegewald ist gründlich. Und neugierig auf Menschen. Abends hat er sich kurz entschlossen, den Mann der Bertram zu besuchen, noch vor der Reise in die Strafanstalt. Seiner Frau erklärt er, daß ein ehemaliger Kollege, ein Veteran, Geburtstag hätte und er noch mal kurz dort vorbei müsse. Damit kommt er um Diskussionen herum. Hegewalds Frau ist eifersüchtig auf seine Arbeit. Sie hat für Situationen wie diese einen Satz parat: Mich magst du ganz gern, aber deine Ganoven, die liebst du. Der Satz stimmt hinten und vorne nicht und hängt ihm zum Halse 'raus.
Es dämmert bereits, als er nach Zissendorf fährt. Er findet das Haus, das in einem ungepflegten, von gilbendem Unkraut überwucherten Garten liegt, auf Anhieb. Auf sein Klingeln öffnet ihm ein Junge in einem zu klein gewordenen Schlafanzug. Er sieht verschlafen aus oder verschreckt und zögert lange, ehe er den Eingang freigibt. Der Junge zeigt auf eine halbgeöffnete Tür und taucht im Dunkel des Flures unter.
Der Mann der Bertram lehnt in der Sofaecke und hat eine Flasche Bier vor sich. Es wird nicht die erste sein, dafür sind seine Augen zu verschleiert. Und er ist ungehalten, weil er mit keinem Gast gerechnet hat und schon gar nicht mit einem solchen. „Was wollen Sie denn noch von mir?“ fragt er mürrisch. „Ist die Angelegenheit nicht längst erledigt?“
„Im Prinzip, ja“, erwidert Hegewald und nimmt sich einen Stuhl. Er hat nichts dagegen, daß ihm Bertram eine Cola aus dem Kühlschrank holt, und sieht sich ein bißchen um. Szymanski hat ihm seinerzeit eine blitzsaubere Küche beschrieben. Das ist sie nicht mehr. Der Fußboden hat allen Glanz verloren, an den Hängeschränken sind fettige Flecke, und die

Scheibengardinen sind gelbstreifig wie in einer drittklassigen Bahnhofskneipe.
Bertram schenkt die Cola ein. „Sie müssen nicht denken, daß ich saufe“, entschuldigt er sich mit einem Blick auf sein Bier. „Ich trinke nur zur Beruhigung. Wegen dem hier.“ Das ist die schmutzige Küche, der Berg Abwasch in der Spüle, der Geruch von Angebranntem und wahrscheinlich der gesamte Zustand der Wohnung.
„Haben Sie denn niemanden, der Ihnen etwas hilft?“ erkundigt sich Hegewald; denn er erinnert sich, daß von einer erwachsenen Tochter und einem großen Sohn die Rede war.
„Ich hatte. Meine Geschiedene.“ Bertram weist mit dem Daumen auf den Fußboden, auf die Parterrewohnung. „Ich habe sie ’rausgeschmissen. Als sie mir an den Kopf warf, daß sie gewußt hat, was mit Eva los war. Und daß sie mir absichtlich nichts gesagt hat.“ Plötzlich geht ihm ein Licht auf, was der Besuch Hegewalds bedeuten könnte. Er stemmt die Arme auf den Tisch, sein Atem weht dem Staatsanwalt ins Gesicht. „Hat Eva ... Ist da schon wieder eine Schweinerei ...?“
„Dazu dürfte sie kaum Gelegenheit finden.“ Hegewald zwingt sich zu einem Lächeln. „Sie können beruhigt sein und auch wieder Platz nehmen. Ich habe dienstlich in der Strafanstalt zu tun, morgen. Möglich, daß ich dann Ihre Frau sehe. Von Ihnen wollte ich erfahren, wie es ihr geht.“
„Von mir? Da fragen Sie mich?“ Bertram fistelt vor Erstaunen. Er läßt sich in seiner Ecke nieder, nimmt einen Schluck und wird zornig. „Was glauben Sie eigentlich von mir? Ich bin ein unbescholtener Mensch, ein Leben lang habe ich nach Recht und Gesetz gehandelt. Und ich soll mich in ein Gefängnis setzen? Nicht eine Minute, nicht mal meine Fotografie würde ich hinschicken.“
So ist das, denkt der Staatsanwalt, so einer bist du. Aber er verkneift sich seine Meinung, weil er nicht gekommen ist, Moralpredigten zu halten. „Sie wird doch mal geschrieben haben?“ fragt er, nun schon lustlos, nur um nicht sofort wieder aufzubrechen.
„Ich habe es erwartet. Es wäre das mindeste gewesen. Aber sie

tut's nicht." Bertram greift über die Seitenlehne und unter den Radiotisch. Dort verwahrt er seinen Biervorrat, eine ganz hübsche Batterie. Hegewalds matte Frage veranlaßt ihn, eine neue Flasche zu öffnen und zugleich sein Inneres aufzutun. „Ich habe geschuftet und gespart, alles umsonst", klagt er. „Man will doch zu etwas kommen. Aber wie Sie mich hier sehen, bin ich ein verratener Mensch. Verraten und verlassen. Die Frau hat mich belogen und betrogen. Soll ich Ihnen was erzählen? Gott und die Welt hat gemerkt, daß sie ein Doppelleben führte. Die da unten, mein Ältester und sogar so ein alter Tatterich von einem Gärtner. Ein Stockfremder im Grunde. Gott und die Welt, nur ich war ahnungslos." Er wischt sich mit dem Handrücken über die Augen und schluckt. „Verstehen Sie, Herr Staatsanwalt? So unendlich war mein Vertrauen."
„Oder so wenig haben Sie sich um Ihre Frau gekümmert." Hegewald kann sich nicht mehr bremsen, und er will es auch nicht. Das Gezeter des Mannes, der noch vor Gericht ein Hüne war an Selbstbewußtsein und Überlegenheit, geht ihm auf die Nerven. Jammerlappen ekeln ihn an. Wenn der Mensch richtig betrunken wäre, könnte man sein Gegreine eventuell entschuldigen, aber das ist er nicht. Wahrscheinlich lebt er in dieser Weinerlichkeit, seit er allein ist, hat sich in Selbstmitleid hineingesteigert und zehrt davon. Und vor so einem hat die Frau sich gefürchtet, hat sich verklemmt und gesperrt, daß kein Wort über ihre Lippen kam. Und wenn sie zurückkehrt, was dann, wie soll es weitergehen mit den beiden? Gardinen lassen sich waschen, eine Küche und ein paar Stuben auf Hochglanz putzen, aber kann man in einer Ehe aufräumen wie in einer Wohnung? Oder fängt etwas anderes an, schlimmer noch als das, was geschehen ist?
„Ich und mich nicht gekümmert?" Bertram will aufbrausen. Da er endlich einen Zuhörer gefunden hat, der ohnehin weiß, was ihm an Bösem widerfahren ist, will er nur zu gern erzählen, wie er für die undankbare Eva gesorgt hat. Hegewald kann sich das vorstellen und schneidet ihm die Rede ab. „Sie mißverstehen mich. Ich werfe Ihnen nichts vor, dazu habe ich kein Recht. Ich möchte nur, daß Sie die Ursachen erkennen,

warum Ihre Frau das getan hat. Die wirklichen Ursachen." Mit einer Handbewegung wehrt er mögliche Einwände ab. „Sie haben in der Verhandlung eine Menge begründet, in bester Absicht gewiß, aber zum Kern sind Sie nicht vorgedrungen. Bitte, unterbrechen Sie mich jetzt nicht. Ich habe nur noch einen Satz zu sagen: Wenn in einer so alten Ehe wie der Ihren einer abrutscht, ist auch der andere nicht ohne Schuld. Nie. Ich kenne keinen solchen Fall."

„Dafür sind Sie auch noch viel zu jung", fährt ihn Bertram an. Es ist wie ein Aufbäumen aus Wut und Ratlosigkeit. Danach stützt er den Kopf auf die Fäuste und versinkt in stummes Brüten. Nach einer halben Minute etwa steht Hegewald auf, schiebt den Stuhl ordentlich unter den Tisch und fragt: „Kann ich Ihrer Frau wenigstens einen Gruß bestellen?"

Der Mann antwortet nicht. Er hat sich eingeigelt und schweigt. Von seinem Gesicht ist nichts zu sehen, nur der graue Kopf mit dem widerborstigen Haar. Was bleibt Hegewald weiter übrig, als zu gehen. Er tastet sich durch den dunklen Flur und findet das Treppenlicht. Die Stufen knarren unter seinen Tritten. Beim Hinabsteigen spürt er, daß er müde ist.

Ein Geräusch läßt ihn herumfahren. In der Wohnungstür steht Bertram. Er stemmt sich mit beiden Armen gegen die Füllung, ein großer, dunkler Schatten, der aussieht, als müsse er im nächsten Moment stürzen. „Ist noch was?" fragt Hegewald.

„Sie fehlt mir", ruft der Mann in den stillen Hausflur hinunter. „Sagen Sie ihr, was Sie wollen, aber sie fehlt mir sehr."

Der Abend ist dunkel und sternenlos. Hegewald setzt sich in seinen Wagen und kurbelt die Scheibe herunter. Im Handschuhfach hat er Zigaretten, für den Fall, daß er am Steuer müde wird. Er raucht selten, doch jetzt ist das Bedürfnis da. Der Tabak, längst ausgetrocknet, brennt im Hals.

Der Mann, überlegt Hegewald, ist nicht so schlecht, er ist nur gedankenlos. Sie, seine Frau, war über lange Zeit nicht mehr als ein Gegenstand, der kostbarste vielleicht, aber doch ein Stück Inventar, keiner Anstrengung und keines Nachdenkens

wert, solange sie die ihr zugeschriebene Rolle ausfüllte. In wie vielen Familien mag es ähnlich sein? Meine eigene gar nicht ausgeklammert. Warum urteilt meine Frau abwertend über das, was ich bin und tue? Weil es mir zu mühselig ist, ihr Verständnis zu wecken? Ich liebe diesen Beruf und würde ihn gegen keinen anderen eintauschen. Und erwarte, daß sie sich reinfindet, auch in die lästigen Seiten, die er hat. Ansonsten geht ja bei uns alles seinen Gang. Es läuft, wie man so sagt. Eine häßliche Wendung. Und ein böses Ding, die Gewohnheit; sie erstickt Verständnis und Liebe, wenn man nicht angeht dagegen. –
Hegewald wirft die Kippe aus dem Fenster, sie verzischt im Rinnstein. Es riecht nach Herbstfeuer und welkem Laub, und ihn fröstelt.

Der nächste Tag beginnt für den Staatsanwalt wenig ersprießlich, um nicht zu sagen mit einem Reinfall. Die Strafgefangene Kalmann reagiert auf die Nachricht, daß ihr Ehemann gefaßt wurde, zunächst heftig. „Der Idiot, er kann mir gestohlen bleiben." Dann wittert sie sogleich eine Chance für sich. Sie wird zum Lamm, zur Märtyrerin, die sich geopfert und dazumal alles auf sich genommen hat, um Ortfried zu schonen. Obwohl er der Hauptbeteiligte gewesen wäre; aber er habe eine schwache Gesundheit, zu schwach für eine schwere Haftstrafe. Da sitze sie nun die Zeit ab, die eigentlich seine Zeit sei, und hätte dennoch vergeblich gehofft, er würde in sich gehen. Jetzt sollte sich die Polizei nur immer an Ortfried halten. Und sie, entsprechend der veränderten Sachlage, möglichst bald freilassen.
Hegewald kennt die Akte, er weiß es besser. Das Biest, die hübsche Hexe, möchte ihn verschaukeln, ärger noch, sie versucht in aller Frechheit, mit ihm zu flirten. Vergeudete Mühe, doch er kommt dabei auch keinen Schritt voran. Es war ein Schuß in den Ofen, erschöpfend dazu, und Hegewald trinkt danach mit dem Leiter der Strafvollzugseinrichtung Kaffee, einen starken und belebenden Kaffee. Bei der Gelegenheit sprechen sie von der anderen, der Taschendiebin. Die Bertram

macht sich, arbeitet zufriedenstellend und traut sich auch mal was zu sagen. Hin und wieder gibt es Rückschläge, sie verfällt in Lethargie und ist dann kaum ansprechbar. Die Gründe dafür sind nicht bekannt, sie könnten in ihrem Vorleben zu suchen sein. Aber im großen und ganzen kann man sich auf sie verlassen. Sie und die Kalmann sind in einer Zelle untergebracht, doch das hat wenig zu bedeuten. Zu verschieden sind sie, um im Positiven oder im Negativen miteinander zu harmonieren. Dennoch, weil er nun mal da ist und sein Ärger sich verflüchtigt, besteht der Staatsanwalt auf einem Gespräch.
Eva Bertram wird von der Arbeit geholt und ist erhitzt. Vielleicht wirkt ihr Gesicht deswegen unter dem fest gebundenen Kopftuch freier und lebendiger, als es Hegewald in Erinnerung hat. Bereitwillig geht sie auf seine Fragen ein, aber was sie berichtet, ist nur eine neue Version der Kalmannschen Schwindeleien, wieder eine Version, die man am besten gleich vergißt.
Er bedankt sich dennoch und erkundigt sich nach ihrem Befinden. Sie könne nicht klagen, antwortet sie, es ginge ihr gut, auch gesundheitlich. Und sieht ihn dann offen an, mit einem Lächeln, das ihn erstaunt. „Jetzt kann ich es Ihnen selber sagen. Ich bin böse auf Sie gewesen. Aber es war ganz in Ordnung."
„Was, wie?" Er begreift nicht, wovon sie spricht. „Was war in Ordnung?"
„Daß ich so eine lange Strafe gekriegt habe. Nämlich das Nachdenken fällt mir schwer. Und hier habe ich Zeit dazu."
„Nicht mehr lange", erwidert er. „Ich kann Ihnen eine angenehme Mitteilung machen. Für Sie läuft ein Antrag auf vorzeitige Entlassung. Wahrscheinlich sind sie Ende des Jahres schon frei."
„Frei", wiederholt die Bertram, und es klingt erschrocken. Sie senkt den Kopf und preßt die Lippen aufeinander. So erinnert sie ihn an die Diebin auf der Anklagebank, die ihm und Richter Kunzmüller das Verfahren schwer machte. Diese Reaktion ist nicht gut, sie gefällt ihm gar nicht. „Sie sollten sich freuen",

versucht er sie aus der gedrückten Stimmung zu reißen. „Haben Sie denn noch gar keine Pläne gemacht?“
„Ich weiß nicht.“ Eva Bertram sieht ihn unsicher an, ihre Hände nesteln nervös am Kragen des Arbeitskittels. „Ich möchte arbeiten“, stößt sie hervor. „Ich dachte ... bei uns ist eine Gärtnerei. Die bitten mich schon zehn Jahre oder noch länger, daß ich hinkomme. Wenn sie jetzt nichts gegen mich hätten ... da wäre ich gern.“
„Aber ja. Das läßt sich gewiß einrichten.“ Hegewald ist erleichtert, weil sich hier ein Anfang zeigt. Unvermittelt fügt er hinzu: „Ich war gestern bei Ihrem Mann. Es geht ihm ziemlich schlecht. Er braucht sie.“
„Willi? Nein.“ Sie wirft den Kopf zurück, und er sieht etwas, das er bei ihr nie für möglich gehalten hätte. Nicht Mitleid sieht er, auch nicht Zweifel und Angst, sondern Aufbegehren und Widerspruch. „Nein. Sie sagen das, weil Sie mir helfen wollen, aber ich glaub' es nicht. Willi braucht bloß sich. Und er erwartet von mir, daß ich im Staub vor ihm rutsche.“ So jäh, wie ihr Zorn aufflammte, so rasch erlischt er wieder. „Sie kennen ihn nicht. Was wissen Sie denn überhaupt ...“
„Zuwenig“, bestätigt Hegewald. Und nach einer Pause, die ihm lang erscheint: „Wollen Sie mir nicht erzählen, wie das alles gekommen ist? Eigentlich sind Sie es mir auch noch schuldig.“
Die Bertram schlägt die Hände vors Gesicht. Es sieht aus, als wollte sie zu weinen anfangen. Doch dann streicht sie sich nur über die Augen und setzt sich aufrecht. „Ja. Ich muß wohl.“ Stockend beginnt sie, später findet sie die Worte leichter. Es sind Episoden, die sie schildert, Fragmente manchmal nur, aus denen sich ein Mosaik bildet, ein Mosaik mit vielen Fehlstellen, aber immerhin ein Bild. In seinem Mittelpunkt steht dominierend der Mann Willi. „Ich war die falsche Frau für ihn“, schließt sie. „Eine andere hätte er finden sollen, eine, die ihm auch mal Paroli bietet. Nicht so eine ungebildete und dumme.“
„Sie sind nicht dumm“, sagt Hegewald. „Man hat es Ihnen eingeredet, Sie dürfen es nicht länger glauben. Aber Sie haben

gelebt wie im vorigen Jahrhundert. Oder noch früher. Mittelalterlich. Und ohne Ihre Chancen zu nutzen."
Eva Bertram nickt und schweigt.

Entschluß

Der letzte Tag. Ich bin allein in der Zelle. Sie sind ohne mich zur Arbeit gegangen, die Neue, Karin und die Schwarze. Wir werden uns nie mehr begegnen, auch Karin und ich nicht. Ich will nicht, und sie will es auch nicht, so was spürt man. Was in der Anstalt war, das ist vorbei.
Der Tag ist grau. Vor dem Fenster wirbeln Flocken. Dezember. Ein Jahr war ich fort von der Welt, von Straßen, Bäumen und Menschen. Sie haben's wahr gemacht und die Strafe verkürzt. Sechs Monate früher darf ich 'raus. Trotzdem war es lang, das Jahr, lang wie ein ganzes Leben. Nun bin ich frei. Frei – wie wird das sein?
Sie haben mir meine Sachen gebracht, das dunkle Kostüm und den Wintermantel. Den dicken Mantel werd' ich brauchen. Der Rock paßt auch noch. Aber die Schuhe drücken. Versteh' ich nicht, sie waren doch früher nicht zu klein. Ich muß wohl erst wieder laufen lernen in solchen Schuhen, ich muß überhaupt laufen lernen, allein und selbständig.
Nachher werde ich vors Tor treten und zum Bahnhof gehen. Ein paar Stationen mit dem Zug, zwanzig Minuten mit der Straßenbahn, und ich bin in Zissendorf. Willi wird mir öffnen oder Mischa. Ich sage guten Tag und setz' den Koffer ab ... Und was weiter?
Möglich auch, daß keiner daheim ist. Dann steh' ich da ohne Schlüssel. Bleibt mir nichts übrig, als mich einstweilen auf die Treppe zu setzen. Bei Marie-Luise werde ich nicht anklopfen. Aber Angst hab' ich nicht mehr vor ihr. Auch das ist vorbei.
Und wenn ich nicht nach Zissendorf gehe? Wenn ich einfach in den Bus nach Kleskow steige und zu Wolfgang und Ursel fahre? Da bin ich, ich war unter den Rädern, nun helft mir auf die Beine. Sie werden helfen. Und mir keine Vorwürfe ma-

chen. In Kleskow ist alles nicht so kompliziert. Ob es mich deshalb so sehr dorthin zieht? Oder ist es die Kindheit?
Sie war trotz allem meine glücklichste Zeit. Kleskow – das ist auch heute noch eine Zuflucht.
Aber man kann nichts zurückholen. Nichts wegwischen von dem, was man erlebt hat. Ich will nicht fliehen, nicht auf mein letztes Kind verzichten. Drei hatte ich. Eins hab' ich ganz verloren, das zweite gehört mir nur noch halb. Michael, mein drittes, geb' ich nicht her. Ich werde arbeiten, den Bescheid, daß ich in der Gärtnerei anfangen kann, hab' ich schon. Arbeiten und mich um den Jungen kümmern. Das ist das wichtigste. Ich hab' ein Ziel.
Das Türschloß klickt, die Frohwein tritt ein. Sie schimpft, weil ich noch nicht fertig angezogen bin und sie aufhalte. Sie muß mich nach vorn begleiten, wo ich meine Papiere und mein Geld erhalte. Ich beeile mich, und sie setzt sich auf den Schemel an der Wand. Sie wünscht mir jetzt schon alles Gute, weil später keine Zeit mehr dafür ist. Und daß wir uns nicht wiedersehen, jedenfalls hier nicht, an diesem Ort. Ich wünsch' ihr auch das Allerbeste. Vergessen werd' ich sie nicht.
Ich mach' den Koffer zu. Obenauf liegt der Wandbehang, die gelbe Sonnenblume. Peters Mädel soll ihn haben; mich würde er zu sehr an die Haft erinnern. Und an Evelyn. So, jetzt rasch ein bißchen kämmen. Die Frohwein schaut inzwischen in den Spind, ob alle Fächer leer und sauber sind. In Ordnung. Sie schließt die Tür und sagt: „Sie brauchen dann nicht zum Bahnhof zu laufen, Frau Bertram. Ihr Mann ist gekommen. Mit einem Taxi. Er will Sie nach Hause holen."
Willi. Der Kamm rutscht mir aus der Hand, er klappert auf dem Fußboden. Ich hebe ihn auf und stecke ihn ein. Mein Mann. Gekommen, mich nach Hause zu holen. Heute, plötzlich, nach so vielen Monaten denkt er an mich. Was soll das, was will er von mir? Ich hätte auch allein nach Zissendorf gefunden. Hat er Furcht, daß ich ausreiße? Oder rührt sich sein Gewissen? Vielleicht will er mich gleich demütigen und wieder der Größte sein. Oder meint er es ernst mit einem Zuhause für uns beide?

Ich nehme den Koffer und schau' mich in der Zelle um. Die Gitter vor den Fenstern, die nackten Wände, die kahle Pritsche. Ein Jahr, lang wie ein Leben.
Was trödeln Sie denn, fragt die Frohwein. Ihr Mann wartet, kommen Sie schon.
Ja, sage ich. Er wartet, und ich komme. Aber um Verzeihung bitten werde ich nicht.

Killer-Ladies

Claretta Cerio
Der Nanno stirbt
und andere Kriminalgeschichten (2663)

Paula Gosling
Töten ist ein einsames Geschäft
(2533)
Die Falle im Eis
(2572)
Die Dame in Rot
(2681)

Ruth Rendell
Dämon hinter Spitzenstores
(2677)
Durch das Tor zum Himmlischen Frieden
(2684)
Der Pakt
(2709)
Flucht ist kein Entkommen
(2712)
Die Masken der Mütter
(2723)
Alles Liebe vom Tod
(2731)

Helga Riedel
Einer muß tot
(2656)
Wiedergänger
(2682)
Ausgesetzt
(2715)

thriller rororo

C 2165/2

Detlef Wolff

Die ungeliebte Leiche
(2472)

Katenkamp sammelt halbe Wahrheiten
(2511)

Ein blondes Risiko
(2532)

Katenkamp und der tote Briefträger
(2603)

Katenkamp in Kenia
(2634)

Katenkamp und die große Schweinerei
(2689)

Der Richter und sein Fixer
(2708)

thriller rororo

C 1041/9

Boileau/Narcejac

Mensch auf Raten (2115)

Parfum für eine Selbstmörderin (2174)

Das Geheimnis des gelben Geparden (2232)

Tote sollten schweigen (2349)

Leiche auf Urlaub (2371)

Bruder Judas (2435)

Ein Heldenleben (2450)

Rache mit 15 (2494)

Tod nach Terminplan / Die Insel (2506)

Der böse Blick / Ein Schloß in der Bretagne (2551)

Die Unberührbaren (2560)

Auf dem Abstellgleis (2531)

Identitätlichkeiten (2600)

Die Frau, die es zweimal gab
im 3er Band (2612)

Abschied von Lucienne (2613)

Mord bei 45 Touren
im 3er Band (2624)

thriller rororo

C 302/24

P. D. James

Eine Seele von Mörder
(4306)

Tod im weißen Häubchen
(4698)

Tod eines Sachverständigen
(4923)

Ein Spiel zuviel
(5041)

Ein reizender Job für eine Frau
(5298)

Der schwarze Turm
Kriminalroman (5371)

Ein unverhofftes Geständnis
Kriminalroman (5509)

ro
ro
ro

C 2105/3

Harry Kemelman

Quiz mit Kemelman
8 Kriminalstories (2172)

Am Freitag schläft der Rabbi lang
(2090)

Am Sonntag blieb der Rabbi weg
(2291)

Am Montag flog der Rabbi ab
(2304)

Am Dienstag sah der Rabbi rot
(2346)

Am Mittwoch wird der Rabbi naß
(2430)

Der Rabbi schoß am Donnerstag
(2500)

Am Samstag aß der Rabbi nichts
(2125)

Eines Tages geht der Rabbi
(2720)

thriller rororo

C 358/10

Janwillem van de Wetering

Outsider in Amsterdam
(2414)

Eine Tote gibt Auskunft
(2442)

Der Tote am Deich
(2451)

Tod eines Straßenhändlers
(2464)

Ticket nach Tokio
(2483)

Der blonde Affe
(2495)

Massaker in Maine
(2503)

Ketchup, Karate und die Folgen
(2601)

Der Schmetterlingsjäger
(2646)

Der Commissaris fährt zur Kur
(2653)

Die Katze von Brigadier de Gier
Kriminalstories (2693)

C 979/4

Sjöwall/Wahlöö

Maj Sjöwall/Per Wahlöö
Die Tote im Götekanal (2139)
Der Mann, der sich in Luft auflöste (2159)
Der Mann auf dem Balkon (2186)
Endstation für neun (2214)
Alarm in Sköldgatan (2235)
Und die Großen läßt man laufen (2264)
Das Ekel aus Säffle (2294)
Verschlossen und verriegelt (2345)
Der Polizistenmörder (2390)
Die Terroristen (2412)

Per Wahlöö
Mord im 31. Stock (2424)
Das Lastauto (2513)
Libertad! (2521)
Unternehmen Stahlsprung (2539)
Die Generale (2569)
Foul Play (2588)
Wind und Regen (2625)

thriller rororo

C 576/15